La sociedad del desconocimiento

Daniel Innerarity

La sociedad del desconocimiento

Galaxia Gutenberg

Edición al cuidado de María Cifuentes

Publicado por
Galaxia Gutenberg, S.L.
Av. Diagonal, 361, 2.º 1.ª
08037-Barcelona
info@galaxiagutenberg.com
www.galaxiagutenberg.com

Primera edición: febrero de 2022
Segunda edición: mayo de 2022

Preimpresión: Maria Garcia
Impresión y encuadernación: Sagrafic
Depósito legal: B 138-2022
ISBN: 978-84-18807-91-6

Para Marta, Pablo y Elena,
que llegaron los últimos y no fueron
preparados para el mundo en el que
habrán de vivir, lo que me produce
más envidia que otra cosa.

INTRODUCCIÓN

Bienvenidos a la sociedad del desconocimiento

Nunca el conocimiento había sido tan importante y a la vez tan sospechoso; nunca lo habíamos necesitado tanto y desconfiado al mismo tiempo de él; nunca habíamos depositado tantas esperanzas en el conocimiento como solución mientras se convertía él mismo en un problema. La ciencia es fuente de la máxima autoridad y siempre controvertida. Los expertos son para unos la tabla de salvación y para otros los destinatarios de todas las iras. Mientras hay quien espera que el conocimiento nos saque del error y la ignorancia, hay también quien teme que nos esté conduciendo a los peores desatinos.

En la era de la racionalidad triunfante, de la ciencia institucionalizada, de los avances tecnológicos y los sistemas inteligentes aparece una constelación extraña: al mismo tiempo que la ciencia goza de un enorme reconocimiento, muchas personas recelan de ella, desde la mera desconfianza hasta el negacionismo extremo. Este rechazo no se explica sin más por la resistencia irracional hacia el conocimiento propia de las sociedades tradicionales; nos está diciendo algo acerca del tipo de generación de conocimiento característico de nuestras sociedades.

No entenderemos la sociedad en la que vivimos si no damos una explicación adecuada de este extraño antagonismo, que ya no puede ser entendido a partir de la moderna contraposición entre la Ilustración y sus sombras, como un combate moral entre progresistas y reaccionarios, la clásica demarcación entre cuerdos y locos. No está en juego la racionalidad y su contrario, sino una cierta metamorfosis de la idea misma de racionalidad, que ya no puede definirse cómodamente frente a su simple negación. Perderíamos una gran ocasión de conocernos a nosotros mismos si descalificáramos esta incredulidad como una reacción al progreso civilizatorio. Sólo entendiendo a los desconfiados, temerosos, negacionistas, paranoicos y terraplanistas se puede entender la sociedad en la que vivimos y el papel que el conocimiento desempeña en ella. Entender no significa aquí dar la razón a quienes parecen carecer de ella, sino explicar las circunstancias desde las que surge esta resistencia porque así tendremos una idea más precisa de la racionalidad que rechazan.

Vivimos en medio de lo que podría llamarse una desregulación del mercado cognitivo, que ya no está, afortunadamente, moderado por la censura, el paternalismo más o menos benevolente y los controles informativos. Este mercado desregulado favorece la credulidad porque no plantea ningún límite a los mecanismos más intuitivos de nuestro espíritu: estereotipos, sesgos, agitación adictiva, atención dispersa, automatismos mentales... Cuando hay una saturación de información que nos distrae y obliga a decidir rápidamente, es más fácil aceptar las ideas falsas, pero también que nos rindamos a nuestra espontaneidad mental como si fuera algo indiscutible.

Si el populismo político se nutre de un espacio público desintermediado, podría estar ocurriendo algo similar en el ámbito del conocimiento. Hay también formas de «demagogia cognitiva» (Bronner 2021, 310). Este populismo sería la explotación de todos nuestros sesgos cognitivos, esa atención desmedida que otorgamos a lo escandaloso, a lo que nos indigna, a lo inédito, a lo conflictivo. Solemos contraponer el populismo a la tecnocracia, pero este nuevo escenario informativo caótico permite síntesis asombrosas. Cabe hablar incluso de un «populismo tecnocrático» que consistiría en una combinación de la idea de que existe un solo pueblo, entendido como un bloque, sin pluralismo, y la idea de que habría una verdad tecnocrática apoyada sobre la ciencia y los datos. Este tecnopopulismo propone soluciones técnicas a los problemas y pretende no hacer ideología sino estar de verdad al servicio del pueblo (Bickerton / Invernizzi-Accetti 2021).

Nuestro entorno informático caótico tiene, de entrada, causas objetivas. Es cierto que la desinformación tiene muchas veces responsables concretos que se pueden identificar. La industria del petróleo ha publicado estudios para generar confusión en torno al cambio climático; grandes farmacéuticas ocultaron información desfavorable sobre la seguridad y la eficacia de los medicamentos; las empresas del tabaco niegan los efectos perniciosos de fumar… Pero no es esta desinformación intencional la que más debería preocuparnos, sino aquella ignorancia que no tiene sujetos culpables sino circunstancias objetivas que hacen de ella algo inevitable, en todo o en parte.

La mayor complejidad del mundo, los errores de los científicos y los expertos, la tecnología acelerada que crea nuevos ámbitos de ignorancia, todo ello produce perplejidad y desconcierto. Complejidad significa aquí desconexión con las evidencias inmediatas, ininteligibilidad, información que desorienta. Hay también causas que remiten a una subjetividad sobrecargada, que puede sentirse aliviada con una teoría de la conspiración o con los negacionismos que surgen en un contexto de miedo, ansiedad, desconfianza y sentimiento de impotencia. Para quienes sienten que todo está fuera de control, una narrativa que explique sus sentimientos y los inscriba en una comunidad segura de creyentes se convierte en un alivio tranquilizador. La única manera de reducir esa complejidad es mediante la confianza (Luhmann 1968);

la cuestión no es confiar o no, sino hacerlo razonablemente o no.

El conocimiento está vinculado a la confianza en la misma medida en la que disminuye la posibilidad de comprobación personal. Con el incremento del conocimiento aumenta la dependencia de otros. Cuanto más sabemos colectivamente, menos autosuficientes somos individualmente. Los experimentos científicos, por ejemplo, son en principio repetibles por cualquiera, pero sólo en principio. Los legos nos vemos obligados a depositar nuestra confianza en los científicos, lo que a veces no es razonable o no es posible, como cuando la comunidad científica hace públicos sus desacuerdos y no sabemos a quién creer. Ha avanzado más la ciencia que su comprensión por la gente y mientras haya ese desfase nos encontraremos con una resistencia que no es tan irracional como aseguran sus críticos. Buena parte de nuestra desorientación se debe precisamente a que no hemos encontrado la medida justa de credulidad y desconfianza, a que oscilemos entre una ingenuidad desmedida y un descontrol de nuestras capacidades críticas.

Desde mediados del siglo XX se han formulado diversos análisis de esta dialéctica, pero casi siempre como si la ignorancia fuera lo contrario de la racionalidad; apenas hemos reflexionado sobre la unidad de conocimiento y desconocimiento que nos caracteriza. Como principio general es recomendable no considerar unos estúpidos ni siquiera a quienes lo parecen y no tratarlos como tales si queremos que dejen de serlo. Entre otros motivos porque la dimensión de los problemas a los que tenemos que enfrentarnos nos convierte a todos en ignorantes; el contraste entre lo que sabemos y lo que deberíamos saber nos pone en una situación de minoría de edad inocente (por utilizar la célebre expresión de Kant, *a sensu contrario*). Esto no quiere decir que sepamos menos, sino que debemos gestionar una constelación inédita en la que se entreveran el saber y el no saber. En los próximos años, con mucha probabilidad, vamos a asistir a grandes descubrimientos científicos y veremos cómo se desarrollarán algunas tecnologías que van a modificar radicalmente nuestro entorno. Todo ello implicará nuevas ignorancias (acerca de, por ejemplo, los efectos secundarios de ciertas tecnologías o la incertidumbre normativa que generan) y pondrá en marcha debates intensos, pues discutir es lo que hacemos los humanos en las sociedades democráticas cuando ignoramos algo y queremos generar el saber correspondiente. Como siempre, el avance del conocimiento nos hace, a la vez, más sabios y más ignorantes. No hay descubrimiento científico o invención tecnológica que no lleve aparejado, como su sombra, un nuevo desconocimiento.

La inteligencia de una persona, de una institución o de una sociedad en su conjunto no se mide tanto por su grado de inteligencia, sino por la relación entre esta inteligencia y el tipo de problemas que tiene que resolver. A este respecto, el argumento de Karl Marx de que «la humanidad no crea problemas que no sepa resolver» no es concluyente porque, en primer lugar, no hay testimonios del fracaso, sino autodescripciones de los vencedores y, en segundo lugar, porque no todos los problemas que tenemos tienen el carácter de problemas que puedan o deban resolverse; algunos, tal vez los más decisivos, sólo pueden ser aplazados, reformulados o soportados. En contra de la anécdota que suele contarse, en ocasiones no es absurdo buscar las llaves donde no se han caído pero hay más luz.

Es muy humano el deseo de medir la inteligencia, diseñar el itinerario formativo y transmitir el conocimiento que se considera imprescindible para la vida, pero no habremos hecho ninguna de estas cosas correctamente mientras no hayamos dispuesto un hueco en ellas para el desconocimiento. ¿Y si el mundo no fuera tan comprensible como lo habíamos supuesto y, pese a todo, podemos hacer mucho sin necesidad de comprenderlo todo? Qué hagamos con lo desconocido va a jugar un papel cada vez más importante en nuestra vida personal y colectiva.

Donostia-San Sebastián,
7 de julio de 2021

I

EL CONOCIMIENTO YA NO ES LO QUE ERA

I

La era de la incertidumbre

> ¿Qué no daría por un mapa de lo siempre constante inefable? Por tener, si lo hubiera, un atlas de las nubes.
>
> *What I wouldn't give for a map of the ever constant ineffable? To posses, as it were, an atlas of clouds.*
>
> DAVID MITCHELL, *Cloud Atlas*

La incertidumbre forma parte de la vida humana, tanto en su dimensión personal como social. Sólo tenemos la certeza de que somos mortales, pero no sabemos cómo ni cuándo se verificará esa condición; la vida nos depara sorpresas que la hacen interesante y peligrosa al mismo tiempo; no dejamos de realizar previsiones, aunque hemos experimentado mil veces hasta qué punto la realidad las corrige o desmiente... Cualquier institución tiene que afrontar la incertidumbre que procede de los cambios de su entorno. Estamos atravesando una época histórica de gran volatilidad, en medio de unas transformaciones geopolíticas cuyo resultado es todavía difícil de adivinar, la creciente fragilidad social nos somete a unas tensiones en comparación con las cuales la mecánica de la represión y la revolución era de una lógica elemental. Interacciones complejas, desarrollos exponenciales, fenómenos emergentes, turbulencias, inabarcabilidad y cambios discontinuos caracterizan nuestra época hasta unos niveles incomparables con otros momentos de la historia por muy agitados que parecieran a sus protagonistas.

a) Problemas complejos

Este me parece que es el punto decisivo a la hora de explicar de dónde procede tanta incertidumbre: de nuestra dificultad de entender y gestionar la complejidad. Vivimos en un mundo en el que aumenta la complejidad y la densidad de las interacciones; las heterarquías son cada vez más relevantes sin haber sustituido completamente a las jerarquías; los gobiernos se ven obligados a pensar en términos de gobernanza; las estructuras sociales adquieren cada vez más la forma de las redes horizontales; el exceso de información no puede ser completamente procesado por nuestros instrumentos de análisis; la identidad personal es más discontinua y compuesta. Como vengo insistiendo desde hace tiempo (Innerarity 2020), todos estos fenómenos son manifestaciones de una creciente complejidad y nuestra actual incertidumbre corresponde a la incapacidad de generar conceptos e instituciones capaces de hacerse cargo de tal complejidad.

¿Es posible conducir la propia vida o gobernar las sociedades en medio de dicha incertidumbre con alguna racionalidad? Las rutinas de la vida diaria y de la política convencional se apoyan en la identificación de relaciones de causa y efecto, en la configuración estable de protocolos y rutinas. Sin embargo, cada vez somos más conscientes de que hemos de prepararnos de algún modo para las sorpresas que proceden de las intrincadas dinámicas que también forman parte de nuestras condiciones vitales. Lo primero que tendríamos que advertir es que vivimos en un mundo en el que hay más misterios que puzles (Kay / King 2020, 49). Cuando dejamos de pensar y movernos por los carriles de la normalidad y lo convencional, descubrimos que el mundo está lleno de crisis, cisnes negros, dinámicas no lineales y fenómenos emergentes, todo ello resultante de interacciones que habitualmente no acertamos a identificar. Un enfoque axiomático a la hora de definir la racionalidad no sirve cuando se trata de tomar decisiones políticas ante un futuro tan incierto. Muchos de nuestros errores no se deben a que seamos irracionales, sino a que no sabemos lo que va a pasar, lo que se puede saber o la verosimilitud de los posibles eventos que resultan de la concatenación opaca de muchos elementos. Complejidad significa que el comportamiento de un sistema no está determinado por sus elementos, sino por su interacción. Podemos conocer con bastante exactitud la naturaleza actual de esos elementos, pero es mucho más difícil saber cuál será el resultado futuro de la interacción entre ellos. Llamamos emergencia a lo que surja de esas interacciones porque no puede anticiparse mediante el simple análisis de los elementos que forman parte del sistema. Si la sociedad contemporánea nos golpea con tantas situaciones no previstas o desmiente tan frecuentemente nuestras previsiones es porque hay una dimensión de intransparencia inevitable en los sistemas sociales. Ignoramos muchas cosas –y algunas de ellas muy relevantes– porque se encuentran en el proceso de emergencia antes de su irrupción. Si a todo esto añadimos una permanente distracción colectiva en lo inmediato y una escasa atención a lo latente, podemos estar seguros de que la evolución de las cosas seguirá sobresaltándonos.

Las crisis de diverso tipo (económicas, sanitarias, climáticas...) que se acumulan y superponen son el caso más agudo de esa imprevisibilidad, que nos obliga tanto a mejorar nuestros instrumentos de anticipación como a no perder de vista sus limitaciones. El deseo de conocer el futuro que caracteriza a los humanos ha surgido de la aspiración a protegerse frente a lo que amenaza nuestra existencia vulnerable. Desde hace tiempo los oráculos han sido sustituidos por formas sofisticadas de predicción y ya no se trata tanto de adivinar un futuro inexorable como de intentar configurarlo. Que hayan mejorado esas técnicas no significa que conozcamos mejor el futuro, sino sencillamente que somos más conscientes de que debemos anticiparlo. En cualquier caso, estamos obligados a reflexionar sobre el futuro, a introducirlo en nuestros cálculos de verosimilitud, pero sin desconocer los límites de esa previsión.

b) El desconocimiento que desconocemos

Estas propiedades del mundo en el que vivimos nos obligan a revisar nuestra relación con el conocimiento y, sobre todo, a preguntarnos qué podemos hacer con el desconocimiento. Nos caracterizamos como «sociedad del conocimiento», pero eso no significa que sepamos mucho, sino que somos una sociedad que es cada vez más consciente de su no-saber y que progresa aprendiendo a gestionar el desconocimiento en sus diversas manifestaciones: inseguridad, verosimilitud, riesgo e incertidumbre. Hay incertidumbre en cuanto a los riesgos y las consecuencias de nuestras decisiones, pero también una incertidumbre normativa y de legitimidad. Aparecen nuevas y diversas formas de incertidumbre que no tienen que ver con lo todavía no conocido, sino también con lo que no puede conocerse. No es verdad que para cada problema que surja estemos en condiciones de generar el saber correspondiente. Muchas veces el saber de que se dispone tiene una mínima parte apoyada en hechos seguros y otra en hipótesis, presentimientos o indicios.

Hay otro aspecto más dramático de esta ignorancia que tiene que ver con el hecho de que las tareas acometidas incluyen dimensiones desconocidas y parcialmente desconocibles: consecuencias secundarias y efectos no previstos que han de ser gestionados en escenarios de futuro difícilmente anticipables. Un aspecto fundamental de la ignorancia colectiva es la cuestión de la «ignorancia sistémica» (Willke 2002, 29) cuando nos referimos a riesgos sociales, futuros, a constelaciones de actores, dentro de las cuales demasiados eventos están relacionados con demasiados eventos, de modo que aparecen problemas de inteligibilidad y queda desbordada la capacidad de decisión de los actores individuales.

El modelo de saber que hemos manejado hasta ahora era ingenuamente acumulativo; suponíamos que el nuevo saber se añade al anterior sin problematizarlo, haciendo así que retroceda progresivamente el espacio de lo desconocido y aumentando la calculabilidad del mundo. Pero esto ya no es así. La sociedad ya no tiene su principio dinámico en un permanente aumento del conocimiento y un correspondiente retroceso de lo que no se sabe. Los límites entre el saber y el no-saber no son ni incuestionables, ni evidentes, ni estables. En muchos casos es una cuestión abierta cuánto se puede todavía saber, qué no se puede saber ahora o qué no se sabrá nunca. No se trata del típico discurso de humildad kantiana que confiesa lo poco que sabemos y qué limitado es el conocimiento humano. Es algo incluso más impreciso que esa «ignorancia especificada» de la que hablaba Robert K. Merton; me refiero a formas débiles de desconocimiento, como el desconocimiento que se supone o se teme, del que no se sabe exactamente *lo que* no se sabe y *hasta qué punto* no se sabe.

Por supuesto que sigue siendo importante ampliar los horizontes de expectativa y relevancia de manera que sean divisables los espacios del no-saber que hasta ahora no veíamos, proceder al descubrimiento del «desconocimiento que desconocemos». Pero esta aspiración no debería hacernos caer en la ilusión de creer que el problema del no-saber que se desconoce puede resolverse de un modo tradicional, es decir, disolviéndolo completamente en virtud de más y mejor saber. Incluso allí donde se ha reconocido expresamente la relevancia del no-saber desconocido sigue sin saberse *lo que* no se sabe ni *si* hay algo decisivo que no se sabe. Las sociedades del conocimiento han de hacerse a la idea de que van a tener que enfrentarse siempre a la cuestión del no-saber desconocido; que nunca estarán en condiciones de saber si y en qué medida son relevantes los *unknown unknowns* a los que están necesariamente confrontadas.

c) Decidir en medio de la ignorancia

Si nos fijamos bien, de hecho las confrontaciones políticas más importantes son valoraciones distintas del no-saber o de la inseguridad del saber: en la sociedad compiten diferentes valoraciones del miedo, la esperanza, la ilusión, las expectativas, la confianza, las crisis, que no tienen un correlato objetivo indiscutible. Como efecto de esta polémica, se focalizan aquellas dimensiones del no-saber que acompañan al desarrollo de la ciencia: sobre sus consecuencias desconocidas, las cuestiones que deja sin resolver, las limitaciones de su ámbito de validez... Las controversias suelen tener como objeto no tanto el saber mismo como el no-saber que lo acompaña inevitablemente. Quien discute el saber contrario o dominante lo que hace es eso: «*drawing attention to ignorance*» (Stocking 1998), subrayar precisamente aquello que ignoramos.

A partir de ahora nuestros grandes dilemas van a girar en torno al «*decision-making under ignorance*» (Collingridge 1980). Ahora bien, la toma de decisiones en condiciones de ignorancia requiere nuevas formas de justificación, legitimación y observación de las consecuencias. ¿Cómo podemos protegernos de amenazas frente a las que por definición no se sabe cómo actuar? ¿Y cómo se puede hacer justicia a la pluralidad de las percepciones acerca del no-saber si desconocemos la magnitud y la relevancia de lo que no se sabe? ¿Cuánto no-saber podemos permitirnos sin desatar amenazas incontrolables? ¿Qué ignorancia hemos de considerar relevante y cuánta podemos no atender como inofensiva? ¿Qué equilibrio entre control y azar es tolerable desde el punto de vista de la responsabilidad? Lo que no se sabe, ¿es una carta libre para actuar o, por el contrario, una advertencia de que deben tomarse las máximas precauciones? Decidirse siempre por la precaución, ese «precaucionismo» (Bronner 2017) que es la gran ideología de nuestro tiempo, no resulta posible y tiene muchos inconvenientes.

Es en este contexto donde deben ser examinados la eficacia y los límites del recurso a la ciencia para la toma de decisiones políticas. A pesar de que las ciencias han contribuido a ampliar enormemente la cantidad de saber seguro, cuando se trata de sistemas de elevada complejidad, como el clima, el comportamiento humano, una pandemia, la economía o el medio ambiente, cada vez es más difícil obtener explicaciones causales o previsiones exactas, ya que el saber acumulado hace visible también el universo ilimitado del no-saber. Durante mucho tiempo la sociedad moderna ha confiado en poder adoptar las decisiones políticas y económicas sobre la base de un saber (científico) racional y socialmente legitimado. Los persistentes conflictos sobre riesgo, incertidumbre y no-saber, así como el continuo disenso de los expertos, han demolido crecientemente y de manera irreversible tal confianza. En lugar de eso, lo que sabemos es que la ciencia con mucha frecuencia no es suficientemente fiable y consistente como para poder tomar decisiones objetivamente indiscutibles y socialmente legitimables. Pensemos en el caso de los riesgos que tienen que ver con la salud o el medio ambiente, que generalmente sólo pueden ser identificados con una certeza escasa. Las decisiones para este tipo de asuntos deben remitir no tanto al saber cuanto a una gestión de la ignorancia justificada, racional y legítima. La ciencia no está en condiciones de liberar a la política de la responsabilidad de tener que decidir bajo condiciones de inseguridad. En lugar de la imagen tradicional de una ciencia que produce hechos objetivos «duros», que hace retroceder a la ignorancia y le dice a la política lo que hay que hacer, se necesita un tipo de ciencia que coopere con la política en la gestión de la incertidumbre.

A mi juicio, estas son las razones profundas en virtud de las cuales una sociedad democrática no está gobernada por sistemas expertos, sino desde la integración de esos sistemas expertos en procedimientos de gobierno más amplios, que incluyen necesariamente decisiones en ámbitos donde la ignorancia es irreductible. Nuestras principales controversias democráticas giran precisamente en torno a qué ignorancia podemos permitirnos, cómo podemos reducirla con procedimientos de previsión o qué riesgos es oportuno asumir.

d) La gestión de la incertidumbre

Es ya un lugar común señalar que entre los saberes más importantes están la flexibilidad y adaptación, la capacidad de moverse en un entorno que ya no es de claras relaciones entre causa y efecto, sino borroso y caótico. Así parece ponerlo de manifiesto el tipo de competencias y perfiles profesionales más demandados, aunque tenemos la fundada sospecha de que seguimos educando para la certidumbre.

La cuestión que inevitablemente todo esto plantea es si nuestros sistemas de gobierno han desarrollado la capacidad de gestionar esta incertidumbre. Es un hecho que para los políticos resultan más interesantes las pequeñas ganancias a corto plazo que las grandes a largo plazo vinculadas a oportunidades inciertas. Este comportamiento coincide con una cultura administrativa de control que tolera muy mal la incertidumbre que generan las relaciones de confianza. El mundo político sigue seducido por la idea de control y de ahí procede su especial dificultad para entender y gobernar en estos nuevos contextos.

Podríamos sintetizar el cambio de mentalidad que se requiere en la idea de que tenemos que orquestar nuestro deseo de controlar las situaciones con la exposición a la incertidumbre, entre la continuidad de lo que somos y las posibilidades de cambio, entre lo sabido y lo desconocido. ¿Qué valor tiene nuestro conocimiento en un mundo «dominado por lo extremo, lo desconocido y lo altamente improbable?» (Taleb 2008). Dicho de otro modo: ¿cómo se preparan nuestras sociedades para las inevitables sorpresas que les esperan? Si en otras épocas los métodos dominantes para combatir la ignorancia consistían en eliminarla, la actual era de la incertidumbre nos invita a considerar que hay una dimensión irreductible en la ignorancia, por lo que debemos entenderla, tolerarla e incluso servirnos de ella y considerarla un recurso (Smithson 1989; Wehling 2006). Esto no es tan abstracto como parece deducirse de la anterior formulación. Hemos aprendido a interpretar y usar las previsiones del tiempo, que no son una certeza absoluta; tomamos muchas decisiones políticas o económicas con una información insuficiente y únicamente los beatos digitales están convencidos de que el *Big data* va a despojar a nuestras decisiones de cualquier resto de riesgo e incertidumbre.

Tenemos que desarrollar una actitud más probabilística, en la vida personal y en el plano colectivo. Este cultivo de la incertidumbre puede resultar un inesperado factor de democratización. Precisamente allí donde nuestro conocimiento es incompleto son más necesarias instituciones y procedimientos que favorezcan la reflexión, el debate, la crítica, el consejo independiente, la argumentación razonada y la competición de ideas y visiones (Majone 1989). Nuestras instituciones democráticas no son una exhibición de lo mucho que sabemos, sino un reconocimiento de nuestra ignorancia.

La incertidumbre es incómoda, en ocasiones incluso dramática, pero también representa una posibilidad de desarrollar el ingenio, en la vida personal y social, porque enriquece nuestro mundo y nos distancia de la estrechez convencional, quiebra las rutinas y nos recuerda que vivimos abiertos hacia el futuro (Nowotny 2016). Hemos de aprender a vivir en la inestabilidad y aceptar la naturaleza incremental de los cambios. Conocedores de los límites de nuestras previsiones, no dejamos de prepararnos para lo inesperado. El hecho de que cualquier cosa que hagamos tenga consecuencias imprevisibles no es una disculpa para dejar de preocuparse por ellas, sino todo lo contrario.

Estamos ante el desafío de aprender a gestionar esas incertidumbres que nunca pueden ser completamente eliminadas y transformarlas en riesgos calculables y en posibilidades de aprendizaje. Las sociedades contemporáneas tienen que desarrollar no sólo la competencia para solucionar problemas, sino también la capacidad de reaccionar adecuadamente ante lo imprevisible. No va a resultar una tarea fácil, pero en cualquier caso podríamos consolarnos considerando que somos una «sociedad del desconocimiento» no tanto porque sepamos poco como porque no sabemos lo suficiente en relación con la dimensión de las empresas que hemos decidido acometer.

2

Saber y poder: las certezas que tenemos

Nuestros debates públicos son por lo general banales y de confrontación, pero de vez en cuando tocan un asunto de gran relevancia. Este fue el caso del manifiesto de un grupo de científicos al principio de la pandemia advirtiendo de que los políticos tienen el poder pero no saben, lo que permitiría deducir que los científicos saben, pero –desgraciadamente– no tienen poder. Cabría sostener con buenas razones lo contrario –que los políticos pueden menos de lo que parece y los científicos saben menos de lo que creemos– pero tratemos más bien de identificar el papel de cada cual en la toma de decisiones políticas, especialmente en aquellas que tienen grandes consecuencias sociales, como todas las relativas a la gestión de la pandemia. Estas limitaciones contrastan con la autopercepción de unos y otros. Tenemos una concepción del liderazgo político según la cual sería peor reconocer lo que no se sabe que disimularlo todo lo que sea posible. Y la crisis del coronavirus ha puesto de manifiesto que los sistemas políticos se enfrentan a una incertidumbre que el conocimiento científico no puede reducir completamente.

Los problemas políticos y sociales más importantes, desde el cambio climático, la estabilidad financiera o la actual pandemia, requieren una gran cantidad de conocimiento científico y quienes lideran las instituciones políticas no lo tienen, por lo que han de asesorarse convenientemente. De ahí que informes científicos, estudios, comisiones de expertos sean instrumentos habituales que ayudan a que los gobiernos tengan una opinión especialmente cualificada y basen en ella sus decisiones políticas. La política no es practicable hoy sin un recurso continuo al saber experto. Apenas hay ámbito de la administración pública en el que no se movilice de alguna manera el saber científico para la información y legitimación de determinadas decisiones.

Hasta aquí el manifiesto plantea una exigencia indiscutible, pero lo hace de un modo que es cuestionable por dos razones: porque parece no tener en cuenta la naturaleza del saber experto –menos seguro y unitario de lo que dan a entender– y por sugerir que la función de la política se agotaría en implementar el consejo científico recibido. Ambas suposiciones son menos evidentes que lo que dan a entender los partidarios de las decisiones políticas basadas en la evidencia y parecen desconocer el sentido o la función de la política en una sociedad democrática, asunto sobre el que, por cierto, otros científicos –desde el derecho, la sociología, la ciencia política o la filosofía– han realizado aportaciones dignas de ser tomadas en cuenta. Que la epidemiología merezca especial atención en medio de una pandemia no significa que otras ciencias, también las ciencias humanas y sociales, no tengan nada que aportar. Por otro lado, que el juicio de los científicos sea muy importante no quiere decir que el político no lo haya de ponderar con otros criterios. Ese ejercicio de ponderación no implica menosprecio de los datos y las opiniones acreditadas de la ciencia ni convierte a los políticos en unos ignorantes terraplanistas, sino que forma parte de su difícil obligación de equilibrar los criterios e intereses diversos en una sociedad democrática y diferenciada. Tanto el esquema según el cual unos científicos «le dicen la verdad al poder» (Wildavsky 1979b) como la inversa de un poder que se sirve de la ciencia para que justifique las decisiones que ha tomado previamente son de un simplismo completamente inadecuado para hacer frente a problemas complejos, es decir, para aquellos problemas que tienen muchas dimensiones y que requieren poner en juego perspectivas diversas.

Es necesario pensar de otra manera las condiciones bajo las cuales el conocimiento puede y debe hacerse presente en el proceso político. El disenso de los expertos, la cuestionable valoración científica de los riesgos y el potencial amenazador de algunas innovaciones científicas han contribuido a cuestionar la tradicional imagen de la ciencia como una instancia que suministraba saber objetivo, seguro y de validez universal. ¿A qué epidemiólogos hemos de hacer caso, a los que eran partidarios de la inmunidad de rebaño o a los que defendían los más estrictos confinamientos? ¿Tienen razón los científicos que sostienen que la principal fuente de transmisión son los aerosoles o quienes lo cuestionan? ¿Acaso los científicos y los expertos no se equivocan nunca? ¿Qué atención merecen otras ciencias que observan la realidad desde otra perspectiva y priorizan otro tipo de valores? Si dependiera de los epidemiólogos, el confinamiento seguramente sería más largo que si hiciéramos más caso a los educadores o los economistas. La función de la política es precisamente sopesar todos esos argumentos y decidir cuándo una de esas perspectivas es más relevante que otra. En nuestra sociedad no solamente hay una pluralidad de intereses e ideologías, sino también de saberes. Eso que llamamos sociedad del conocimiento se caracteriza por el hecho de que hay un creciente número de actores que dispone de diversos saberes, por lo que estos actores informados están en condiciones de hacer valer el propio saber frente a otros e incluso contra las intenciones de los gobiernos. En la sociedad actual hay, como advertía Ulrich Beck, expertos y contraexpertos.

No deja de ser curioso el hecho de que cuando los humanos estamos agobiados en medio de la incertidumbre busquemos una tabla de salvación tanto en la ciencia como en creer a cualquiera. Dos cosas tan antagónicas como el espíritu científico o la superstición parecen proporcionar igualmente el alivio de unas certezas de las que carecemos. ¿Y si en el fondo ocurriera que ese recurso habitual a la ciencia no fuera tan diferente de la superchería que parece oponérsele? No me refiero a la ciencia en sí, sino a determinadas expectativas que se le dirigen y que parecen no haber entendido las limitaciones de esa grandiosa empresa que es la ciencia, limitaciones que no pierde con el avance del conocimiento.

La humanidad ha pasado por muchos y largos periodos de penuria e ignorancia, pero nunca se ha encontrado con problemas y crisis –desde la actual pandemia, las crisis financieras, el desastre climático o los efectos sociales de la inteligencia artificial– en relación con los cuales el saber disponible sea tan insuficiente. Ha habido otros antes que, sabiendo menos, han sabido lo necesario. Nosotros, en cambio, parecemos incapaces de generar la enorme cantidad de conocimiento que necesitaríamos para hacer frente a unas situaciones tan volátiles, crisis tan complejas, en entornos acelerados y para regular unas tecnologías cuyos efectos no controlamos absolutamente. En este contexto la expectativa de que la ciencia produzca un saber cierto, seguro y de aplicación práctica inmediata no puede ser completamente satisfecha.

Esta expectativa dice mucho acerca del valor que otorgamos al conocimiento (aunque sea en momentos críticos y no en nuestros presupuestos ordinarios). Confiamos en una vacuna para la Covid-19, esperamos de los economistas fórmulas para resolver la inestabilidad financiera, queremos artefactos tecnológicos más eficientes y seguros, deseamos que la universidad nos garantice un empleo... Hay una dimensión de la ciencia que responde a las demandas urgentes de la sociedad, que exige resultados inmediatos, pero no deberíamos olvidar que la mayor parte del trabajo científico se malograría si actuara bajo esa presión. La ciencia es habitualmente una actividad que exige tiempo, que fracasa la mayor parte de las veces y requiere paciencia. Puede que estemos valorando únicamente una de sus dimensiones (la más inmediatamente útil), como si desconociéramos que hay muchas ciencias y que aquellas que proporcionan rendimientos inmediatos no serían posibles si no hubiera ciencias básicas o ciencias sociales y humanidades que se interrogan por el contexto en el que se insertan dichos rendimientos.

Si se encuentran soluciones será por la ciencia y no por la brujería, por supuesto, pero no habría que perder de vista eso que Sheila Jasanoff ha llamado «tecnologías de la humildad» (2005), una manera institucionalizada de pensar los márgenes del conocimiento humano –lo desconocido, lo incierto, lo ambiguo y lo incontrolable– reconociendo los límites de la predicción y del control. Un planteamiento semejante impulsa a tener en cuenta la posibilidad de consecuencias imprevistas, a hacer explícitos los aspectos normativos que se esconden en las decisiones técnicas, a reconocer la necesidad de puntos de vista plurales y de un aprendizaje colectivo. Este es el contexto en el que la política acude al juicio de los expertos, a veces desesperadamente. ¿Y qué es lo que se encuentra? Creo que nadie lo ha dicho mejor que Jerome R. Ravetz: las condiciones bajo las que se ejerce actualmente la política pueden resumirse diciendo que los hechos son inciertos, los valores están en discusión, lo que está en juego es importante y las decisiones son urgentes (1990). Los problemas generados por el riesgo están redefiniendo los límites entre la ciencia, la política y la opinión pública. El disenso de los expertos, la cuestionable valoración científica de los riesgos y el potencial amenazador de las innovaciones científicas han contribuido a cuestionar la tradicional imagen de la ciencia como una instancia que suministraba saber objetivo, seguro y de validez universal. La ciencia aumenta el saber, ciertamente, pero también la incertidumbre y el no-saber de la sociedad.

¿Cómo entender entonces la relación entre el saber científico y las decisiones políticas? La ciencia raramente proporciona verdades definitivas, unánimes e indiscutibles. Quienes toman decisiones políticas deben apoyarse en las evidencias que la ciencia proporciona, por supuesto, pero ni pueden esconderse en ellas, ni han de olvidar otros criterios que se ponen en juego en toda decisión, como la oportunidad, los recursos disponibles o la legitimidad popular. La ciencia no puede sino decepcionar la expectativa de procurar un saber fiable, cierto y exento de riesgos. Como comprobamos en el caso de la pasada crisis económica, algunas previsiones de los economistas padecían una grave inexactitud social. La ciencia no hace innecesaria la política sino todo lo contrario; los avances de la ciencia han ampliado el territorio de lo político en la medida en que han producido nuevas exigencias normativas y de regulación. Los criterios para decidir acerca de la calidad y relevancia del saber ya no son definidos únicamente por la ciencia, sino también por los contextos de aplicación donde rigen lógicas sociales, políticas o económicas. La producción, difusión y aplicación del saber tienen deudas sociales y se encuentran frente a unas nuevas obligaciones de legitimación, en virtud de todo lo cual el saber se ha convertido en una cuestión eminentemente política.

El aumento del saber en una sociedad no supone necesariamente un fortalecimiento del consenso; más bien refuerza el disenso proporcionándole razones y cauces de argumentación. La consecuencia es que las decisiones políticas no pueden ser adoptadas, como se esperó, de modo más racional, evidente y consensual, sino en medio de unas controversias más intensas, con saber insuficiente y mayor conciencia de los riesgos. Toda innovación técnico-científica tiene riesgos que proceden del no-saber y por eso la decisión acerca de si una sociedad quiere exponerse a esos riesgos es una decisión política en la que también intervienen consideraciones normativas.

Las certezas que tenemos no nos ahorran el esfuerzo de decidir qué hacemos con aquellas que no tenemos (y que probablemente nunca tengamos). Como sociedades democráticas debemos discutir acerca de lo que sabemos, de lo que no sabemos y de todas las formas de saber incompleto a partir de las cuales hemos de tomar nuestras decisiones colectivas. Estamos ante el desafío de aprender a gestionar esas incertidumbres que nunca pueden ser completamente eliminadas y transformarlas en riesgos calculables y en posibilidades de aprendizaje. Las crisis nos siguen recordando que las sociedades contemporáneas tienen que desarrollar no sólo la competencia para solucionar problemas identificados, sino también la capacidad de reaccionar adecuadamente ante lo inesperado.

La ciencia es el mejor instrumento que tenemos para avanzar en el conocimiento. Si hay avance en ella es porque el saber actual no es absoluto. La grandiosa institución de la ciencia y su progreso se deben al hecho de que apreciamos las certezas que tenemos, pero todavía más las certezas que tendremos, y a que hemos aprendido a sobrellevar la incertidumbre que inevitablemente nos acompaña.

Frente al sueño tecnocrático, lo cierto es que la ciencia es una voz más en el concierto y las lógicas políticas, éticas o ideológicas se hacen también valer como puntos de vista legítimos a la hora de adoptar las decisiones. La ciencia asesora, pero no sustituye. En los últimos años se ha avanzado mucho en la democratización del saber experto, tanto en lo que se refiere a la elección de los expertos como a la producción y el acceso al saber experto. La ciencia ya no es un instrumento en manos de una élite para asegurar su autoridad desde el momento en que mucha gente tiene acceso a la información científica, la puede en cierta medida contrastar y cuestionar (Kwa 2011, 275). La cuestión decisiva es cómo se reglamenta el control sobre el saber que interviene en el proceso de asesoramiento político: qué tipo de saber se busca, cómo se elige a los asesores, a qué campos del saber pertenecen, de qué instituciones provienen, cómo van a presentar los resultados de su trabajo (como recomendaciones o como informe de hechos). Existen ya muchas disposiciones para aprovechar el saber experto y evitar al mismo tiempo que una influencia descontrolada de los expertos sobre la política democráticamente legitimada produzca una auténtica colonización sobre los gobiernos y los parlamentos. El asesoramiento político puede suponer una dependencia de los actores públicos respecto de los expertos privados, puede desparlamentarizar las decisiones o posponerlas indefinidamente y permite inmunizarse frente a la crítica política.

Deberíamos pensar la relación entre ciencia y política no como sumisión de una a otra (en cualquiera de las dos direcciones), sino como un proceso argumentativo. No se trata de que una comunique a la otra lo sabido o lo decidido, sino de construir juntas un momento de autorreflexión de la ciencia y de la política. El asesoramiento científico es un proceso de negociación en el que se delibera acerca de si el saber disponible es adecuado en relación con un problema de decisión determinado. Igualmente, cuando se trata de decisiones arriesgadas, el juicio de los expertos ha de comunicar también los riesgos y las incertidumbres. Los problemas políticos deben ser traducidos al lenguaje de la ciencia, pero a su vez las respuestas de los científicos no son aplicables a la política mientras no hayan sido vertidas en el formato de las decisiones políticas. No hay una traducción inmediata de los juicios científicos en decisiones políticas, como tampoco una justificación científica de decisiones previamente adoptadas.

El asesoramiento científico tiene la función de proveer a la política de más opciones a la hora de tomar decisiones; pero es a ella a quien corresponde finalmente decidir qué saber puede ser reconocido como más adecuado y políticamente relevante. El gran desafío del asesoramiento político consiste en vincular el conocimiento científico, producido de acuerdo con criterios internos de relevancia científica, con los criterios de relevancia política. Quien asesora a los gobiernos ha de ser consciente de que el saber del asesoramiento se distingue de otros saberes por el hecho de que ha de ser, al mismo tiempo, científicamente correcto y políticamente útil y realizable.

Tendemos a pensar la relación entre la ciencia y la política de una manera muy simple y partiendo de una visión idealizada de la ciencia como una administradora de certezas que proporcionaría poder sobre la naturaleza y sobre los seres humanos. El caso de la pandemia ha puesto al descubierto su carácter más bien caótico, sociotécnico (en el sentido de Latour 1987), donde hay diversas aspiraciones de verdad que compiten por ganar nuestra atención. Las decisiones políticas son una transacción entre la incertidumbre y la urgencia, adoptadas en medio de una retórica de certidumbre que es continuamente socavada por un saber y unos acontecimientos en permanente cambio.

La decepción de los políticos porque no les proporcionan consejos claros y seguros se corresponde con la decepción de los científicos porque frecuentemente su consejo no es escuchado. La cuestión es cómo organizar el asesoramiento de manera que se satisfaga la doble exigencia de que el consejo sea verdadero y viable, que cumpla las exigencias de objetividad y legitimación. El gran dilema de las actuales democracias estriba en que han de adoptar las decisiones teniendo en cuenta el saber científico disponible y, al mismo tiempo, esas decisiones tienen que estar legitimadas democráticamente. Y para enfrentarse correctamente a ese dilema lo primero que han de saber es que se trata de dos cuestiones distintas. Pese a todas las esperanzas de que el asesoramiento científico alivie el peso de la responsabilidad política, la ciencia sigue siendo ciencia y la política no deja de serlo por muy bien asesorada que esté. La ciencia y la política tienen dos racionalidades sistémicas diferentes. Por decirlo con el lenguaje de Luhmann, la ciencia está bajo el código de la verdad y la política bajo el del poder. Estas distintas racionalidades se traducen en diferentes expectativas. No esperamos de la política, por ejemplo, la misma objetividad y universalidad que han de guiar a la ciencia; los criterios de compromiso, viabilidad o de oportunidad política son extraños para la actividad científica. En el momento de la decisión es cuando se hace valer aquella frase de Andrómaca en la tragedia *Hécuba:* «cuando los marinos enfrentan los vientos rápidos, una multitud de sabios reunidos no vale lo que una inteligencia más común pero soberana».

En todo caso, al pensar las relaciones entre saber y poder, conviene tener en cuenta que ni uno sabe tanto ni otro puede tanto. Ambos pueden consolarse mutuamente de haber perdido sus antiguos privilegios y compartir la misma incertidumbre, bajo la forma de perplejidad teórica en un caso y como vértigo ante la contingencia de la decisión, en otro. ¿Qué privilegio ha perdido el poder? La prerrogativa de no tener que aprender y dedicarse simplemente a mandar. ¿Y cuál es el que ha perdido el saber? Pues ha perdido aquella seguridad y evidencia que le permitía prescindir de toda exigencia de legitimación; ahora es más visible su inexactitud social. De ahí que el problema ya no sea cómo compaginar un saber seguro con un poder soberano, sino cómo articularlos para compensar las debilidades de uno y de otro para combatir juntos la creciente complejidad del mundo.

3

Falsas opiniones: la desinformación en la sociedad del desconocimiento

Los procesos de desintermediación característicos del mundo en el que vivimos han favorecido tanto la comunicación como la desinformación. Se trata de dos posibilidades que deben pensarse unidas: la de conocer y comunicar mejor, libres de tutela, y la de padecer una desorientación cognitiva que no tiene que ver con la clásica ignorancia de un mundo escaso de datos o de opiniones, sino que, al contrario, se debe a la incapacidad de gestionar el exceso. Esta ambivalencia genera a su vez otra muy propia de las sociedades en las que vivimos: el deseo de combatir la falsedad, por un lado, y, por otro, el hábito de protegerse contra quien, para encabezar ese combate, se arroga la capacidad de determinar la objetividad y la verdad. ¿Tenemos algún procedimiento para legitimar la lucha contra la desinformación sin contravenir el principio democrático de que la democracia es un régimen de libre opinión?

La digitalización facilita la comunicación hasta tal punto de que otorga un altavoz a cualquier persona o grupo. De entrada, esta economía de la comunicación podría ser considerada como una gran oportunidad para la democracia liberal. En principio, cuantos más actores dispongan de la capacidad de hacerse oír, menos voces marginadas habrá y más empoderamiento de la gente para intervenir en la conformación de la opinión pública. Ahora bien, tenemos la experiencia de que esta misma apertura ha caotizado nuestros entornos informativos no sólo porque haya quienes estén haciendo un mal uso de esa libertad, sino porque la propia naturaleza de esos nuevos espacios abiertos produce una desorientación particular. No es únicamente un problema de malvados desinformadores, sino sobre todo de confusos buscadores de información. Se trata, por tanto, de un fenómeno en el que se mezclan oportunidades de democratizar la información con gangas para el desinformador. Si examinamos lo primero sin perder de vista lo segundo podremos identificar hasta qué punto cabe luchar contra la desinformación y en qué medida es legítimo este combate.

El primer efecto democrático de internet es la desjerarquización. Cuando una tecnología desdibuja la frontera entre la conversación privada y la información pública lo que hace es atenuar las distancias sobre las que se ha construido la verticalidad del espacio público en el que hemos vivido: entre periodistas y lectores, entre creador y usuario, entre profesionales y aficionados, entre actores y audiencias. El espacio público tradicional relegaba a la sociedad a la función de audiencia, filtraba y domesticaba sus opiniones, privatizaba su intimidad, infantilizaba a los ciudadanos y profesionalizaba el saber. Internet supone, frente a ello, una ampliación del espacio público, que ya no puede ser entendido como un diálogo gestionado por los periodistas y los profesionales de la política.

La red está construida sobre una poderosa fuerza de horizontalización del espacio público. Se configura así un nuevo «panoptismo horizontal» (Cardon 2010, 65). No hay ninguna palabra pública protegida de la crítica, ni autoridad que pueda imponer el silencio. Desaparece el privilegio de la publicación, irrumpen los «aficionados», se amplía el perímetro del debate democrático. Es verdad que esta apertura tiene sus riesgos (como la difusión de los rumores, la autoexhibición narcisista o la desprotección de lo privado) pero también es cierto que ofrece unas grandes posibilidades para la transformación de la política.

La actual fascinación por las redes sociales, la participación o la proximidad ponen de manifiesto que la única utopía que sigue viva es la de la *desintermediación* (Innerarity / Colomina 2020). Una desconfianza ante las mediaciones nos lleva a suponer automáticamente que algo es verdadero cuando es transparente, que toda representación falsifica y que todo secreto es ilegítimo. No hay nada peor que un intermediario. Por eso nos resulta de entrada más cercano un filtrador que un periodista, un aficionado que un profesional, las ONG que los gobiernos y, por eso mismo, nuestro mayor desprecio se dirige a quien representa la mayor mediación: como nos recuerdan las encuestas, nuestro gran problema es... la clase política.

Hay una lógica de fondo que conecta el desinterés hacia el periodismo (porque en las redes uno ya se informaría y expresaría sin necesidad de autorización alguna), la preferencia por los mercados escasamente regulados (suponiendo que la mera agregación espontánea de los intereses produce los mejores resultados) y el desprecio hacia la política (dado que los artificios de la representación no servirían más que para falsificar la verdadera voluntad de la gente, que se haría valer mejor cuanto más directa o plebiscitaria fuera la democracia). En estos tres casos, que caracterizan muy bien el modo de pensar dominante de nuestra época, late la idea de que el mundo, es decir, la verdad, la justicia y la democracia, están inmediatamente a nuestro alcance y que los procedimientos e instituciones para la configuración de estos valores son los culpables de su desfiguración. La lógica del clic, el voto o la opinión espontánea haría innecesario cualquier instrumento para elaborar las opiniones y las decisiones; periódicos, regulaciones, partidos, sindicatos, parlamentos serían igualmente innecesarios e incluso enmascaradores de la realidad o de la voluntad del pueblo.

Los medios tradicionales han perdido su función de *gate keepers* y han sido sustituidos en buena medida por los buscadores, los agregadores y los algoritmos. Esa función de filtro, mejor o peor ejercida por los medios clásicos, implicaba una cierta introducción de criterios de relevancia, lo que significa también reducción de la complejidad, y su crisis equivale a la crisis de nuestra capacidad de digerir la explosión informativa. Es cierto que el despliegue de las nuevas tecnologías de la información y la comunicación tiene un efecto democratizador en la medida en que permite la observación pública continua, cuestionan la marginalización y la exclusión e incrementan la accesibilidad del conocimiento, pero por otro lado agudizan la desesperación del que está excesivamente informado (Luhmann 1995, 80), la «desinformada sociedad de la información» (Lash 2002, 76). Las redes sociales facilitan la difusión de todo tipo de opiniones y configuran un muestrario de lo más diverso de afirmaciones, sin ningún tipo de jerarquización ni criterio. Por eso, las redes sociales democratizan en la misma medida en que desorientan. Que el periodismo más tradicional tenga grandes dificultades para ordenar todo ese ruido es, al mismo tiempo, causa y consecuencia de la vertiginosa proliferación de opiniones.

Hablar de que estamos en la era de la posverdad suena como si acabáramos de salir de una era en la que invariablemente hubiera triunfado la verdad. Siempre ha existido la mentira en el espacio público, pero no con la cualidad y dimensión actuales. Distintas dinámicas de esta economía de la comunicación desafían a la democracia liberal, especialmente una capacidad para producir y extender *fake news* en una medida y con una facilidad que no se daban en el espacio discursivo predigital. Hay dos factores que explican que nuestra época se haya vuelto tan locamente mentirosa y crédula: los múltiples y complejos peligros que nos amenazan y la «desregulación del mercado cognitivo» (Bronner 2021) como consecuencia del cortocircuito que internet ha producido en las instituciones del saber. Vivimos en una especie de tribalismo epistémico en el que visiones del mundo completamente distintas coexisten de mala gana sin puentes ni traductores. La nivelación de las opiniones en la red priva al espacio del discurso de sus normas racionales de validación.

Es muy saludable que, a la vista de lo fácil que es mentir y difundir estas mentiras, haya surgido últimamente un tipo de periodistas que se encargan de verificar las afirmaciones de los políticos en lo que estas tienen de datos comprobables. Para que el debate público sea de calidad no basta con que los hechos referidos sean ciertos, pero podemos estar seguros de que si esas referencias son completamente falsas no tendremos una verdadera discusión democrática.

Por supuesto que hay mentiras flagrantes y mentirosos compulsivos, que merecen ser combatidos con todos los instrumentos periodísticos y jurídicos a nuestro alcance. Me preocupa, además, una degradación más sutil de la vida política propiciada por los enemigos de la retórica (que siempre se justifican porque los mentirosos se sirven de ella). Me refiero al modo como entendemos nuestras relaciones con la realidad y el lugar que ocupan la verdad y la mentira en la vida política. Nuestra relación con la verdad –especialmente en la vida política– es menos simple de lo que quisieran los que la conciben como un conjunto de hechos incontrovertibles. No vivimos en un mundo de evidencias, sino en medio del desconocimiento, el saber provisional, las decisiones arriesgadas y las apuestas. La verdad no es lo mismo que la objetividad y la exactitud. Casi nada de lo que decimos o sentimos es «chequeable». Además, como la vida misma, también la política posee una dimensión emocional, y nuestras emociones –aunque las haya más o menos razonables, mejor o peor informadas– tienen una relación muy indirecta con la objetividad. ¿En qué quedaría el oficio político si no pudiera recurrirse a esa exageración retórica sin la que es imposible movilizar a nadie? El lenguaje político es más prescipción que análisis. La política no es algo que se resuelva con la objetividad, o sólo en una pequeña parte.

Quienes, alarmados por las *fake news,* quieren garantizar la objetividad dan a entender que la verdad es lo normal y no más bien la excepción. El mundo es en realidad un conjunto de opiniones generalmente con poco fundamento, donde discurren con libertad muchas extravagancias, se aventuran hipótesis con ligereza, se simula y aparenta. Por supuesto que las medias verdades pueden llegar a ser mentiras completas e incluso un asunto criminal, pero lo habitual es que no podamos perseguir todas las mentiras y, sobre todo, que tenemos la amarga experiencia de que muchas veces, al hacerlo, nos hemos llevado por delante otras cosas muy estimables. No protegeríamos tanto la libertad de expresión o de conciencia si no fuera porque hemos conocido los males que se siguen de su excesivo condicionamiento. En una sociedad avanzada el amor a la verdad es menor que el temor a los administradores de la verdad.

Hay otro efecto lateral del modo como se plantea este combate contra la mentira al sugerir un mundo más dócil de lo que realmente es y dar una imagen exagerada de tres poderes que son más limitados de lo que se supone: el de los conspiradores, el del Estado y el de los expertos. Por supuesto que hay gente conspirando, pero esto no quiere decir que se salgan siempre con la suya, entre otras cosas porque conspiradores hay muchos y generalmente con pretensiones diferentes, que rivalizan entre sí y que de alguna manera se neutralizan. Sugiere también que el Estado tiene una gran autoridad a la hora de limitar legítimamente el poder de la mentira, algo que sin duda podemos en una medida mucho menor de lo que creemos. Y da a entender que nuestras controversias pueden arreglarse recurriendo a algún tipo de autoridad epistémica que las zanje definitivamente, como los expertos, los técnicos o cualquier supuesto administrador de la exactitud, algo que afortunadamente ocurre pocas veces y que es poco democrático.

¿Quiere esto decir entonces que hemos de rendirnos ante la fuerza injusta de la mentira? Estoy tratando de sostener que en una democracia el combate contra la falsedad sólo puede llevarse a cabo en un entorno de pluralismo garantizado. John Stuart Mill, uno de los grandes teóricos de la democracia en versión aristocrática, conjeturaba que si se sometiera el sistema newtoniano al voto de una asamblea democrática en la que hubiera un buen retórico defendiendo el sistema ptolemaico no podríamos excluir que este último ganara la votación. Pero el transfondo de esta broma era una defensa del elitismo político que hoy nos resultaría inaceptable. Una democracia es un sistema de organización de la sociedad que no está especialmente interesado en que resplandezca la verdad, sino en beneficiarse de la libertad de opinar. La democracia es un conflicto de interpretaciones y no una lucha para que se imponga una «descripción correcta» de la realidad.

Una cierta debilidad de la democracia ante los manipuladores es el precio que hemos de pagar para proteger esa libertad que consiste en que nadie pueda agredirnos con una objetividad incontestable, que cualquier debate se pueda reabrir y que nuestras instituciones no se anquilosen. Por supuesto que hay límites para la libertad de expresión, que no todo son opiniones inocentes y que hay mentiras que matan. No hace falta dejarse seducir por los encantos de esa posmodernidad banal que todo lo relativiza para entender en qué sentido podía afirmar Richard Rorty que el valor de la democracia era superior al de la verdad. No convirtamos la guerra contra las *fake news* en un conflicto nuclear, limitemos bien el campo de batalla, establezcamos una regulación sobria, eficaz y garantista de cuanto pueda ser regulado, pero sobre todo protejámonos de los instrumentos a través de los cuales pretendemos protegernos frente a la mentira. La democracia tiene que defenderse más de los poderes propios que de los extraños.

El combate contra la desinformación plantea de entrada dos problemas, uno epistemológico (cómo establecer la diferencia entre opinión o noticia equivocada y mentira expresa) y otro de legitimidad (cuándo estaría justificada una intervención contra quien las propaga). Si el primer problema nos introduce en el difícil terreno de la verdad, el segundo lo hace en el no menos resbaladizo de la autoridad. Supongamos que es posible en todo momento distinguir lo verdadero de lo falso, que ya es mucho suponer; tendríamos que disponer además de una autoridad legítima para prohibir y sancionar lo calificado como falso.

Una sociedad democrática se caracteriza por proteger celosamente la libertad de expresión y limitar al máximo la intervención represiva en el espacio de la opinión. Un largo aprendizaje histórico nos ha llevado a la conclusión de que los errores no son tan peligrosos para la democracia como la persecución del error. La equivocación no es un problema especialmente grave para la democracia, mientras que sí lo sería dotar de autoridad a alguien para establecer qué es verdadero o falso. Por eso las sociedades democráticas miran con especial recelo cualquier limitación de la libertad de expresión y especialmente aquellas que tratan de justificarse apelando a la verdad o la falsedad.

Al mismo tiempo, resulta evidente que el actual volumen de desinformación nos obliga a regular este espacio de un modo que sea eficaz y proporcionado. ¿Cómo resolver este dilema? A la hora de justificar una intervención coactiva, limitadora o sancionadora en el espacio público, hemos de encontrar una justificación que no sea apelar a que el contenido de lo que se difunde es falso. El concepto de difusión de falsa información es problemático, ya que en las democracias liberales no hay ni puede haber ningún consenso acerca de qué es verdadero y qué es falso, más allá de los acuerdos puntuales o procedimentales. El criterio que puede ayudarnos a este respecto es la distinción entre *falso* y *falsificado*. El problema no sería la propagación de algo falso, lo que hacemos todos muchas veces cuando expresamos una opinión equivocada o damos como noticia lo que luego se prueba como inexacto o erróneo, sino de algo deliberadamente falsificado. Propiamente hablando, las *fake news* no son noticias *falsas* sino falsas *noticias*.

En sentido estricto, las *fake news* no expresan ninguna opinión o noticia que su propagador tenga y por eso no están protegidas por la libertad de expresión propia de las democracias. Esta es la razón de que sea legítimo combatir, desde los principios de la democracia liberal, todo lo que pueda identificarse incontestablemente como una falsedad consciente, pero carecería de sentido prohibir lo falso, entre otras razones porque la falsedad puede contribuir a la deliberación colectiva. La deliberación democrática permite la equivocación y puede vérselas con información falsa, pero la falsedad deliberadamente producida erosiona la deliberación colectiva. El problema de las *fake news* no es su inexactitud o falsedad, ya que hay informaciones que se transmiten con la mejor intención y resultan ser falsas. Lo que caracteriza en sentido propio a las *fake news* es que quien las propaga es consciente de su falsedad o, dicho de otra manera, las comunica desde una indiferencia hacia la verdad (Mukerji 2018).

Evidentemente, con esto no estamos ofreciendo una fórmula exacta que permita distinguir indiscutiblemente una cosa de otra; unos seguirán sosteniendo que las cosas son como ellos (equivocadamente) las ven y otros señalarán que detrás del error hay una mala voluntad intencional. Pero tenemos al menos un criterio para diferenciar la maldad del error que nos permitirá ponderar la justificación de posibles medidas sancionadoras.

Quien expresa con sinceridad una opinión que otros consideran falsa (y que tal vez lo sea) está haciendo uso de su libertad de expresión y realiza una contribución, al menos en su intención, a la deliberación colectiva. La conversación democrática se nutre de todo tipo de opiniones y, dentro de unos límites de respeto y voluntad de veracidad, hasta las opiniones más peregrinas y los errores sirven para enriquecerla. Lo que sería incompatible con los principios de la democracia liberal es difundir informaciones que se saben falsas, así como sancionar cualquier difusión de informaciones falsas atribuyendo a su autor el conocimiento de su falsedad. La democracia tolera la equivocación, pero no tanto la propagación intencional de lo falso y menos aún la autoridad ilimitada para decidir qué falsedades son inocentes y cuáles son culpables. Las informaciones falsas, a diferencia de la información equivocada o insuficiente, en la medida en que son intencionalmente producidas, erosionan ese recurso escaso de la sociedad democrática que es la confianza. La confianza es un bien común al que no dañan el error y la equivocación, pero sí la falsedad manufacturada.

Así pues, la legitimidad de la lucha contra la desinformación no se basaría en la falsedad de la información, ya que creer en algo erróneo y difundirlo está protegido por el derecho a la libertad de expresión. Debe poderse constatar que no se trata de una *opinión* o una *noticia* y no que sea *falsa,* es decir, ha de probarse que no quiere contribuir al debate público, sino manipularlo. Una democracia soporta bastante bien las *noticias falsas* pero no tanto las *falsas noticias.*

4

Enseñar lo que no se sabe: la educación en la sociedad del desconocimiento

Si tuviera que definir sintéticamente cómo se ha ido configurando el ideal de formación a lo largo de la historia, yo diría que el ser humano, en las sociedades premodernas, aspiraba a ser «perfecto», luego trató de estar bien «formado», más recientemente, debía ser «crítico». Tras comprobarse que la misma crítica podía estereotiparse e incluso ser dogmática, el ideal se ha desplazado hacia la creatividad, es decir, hacia la «capacidad de aprender», entendida como gestión de las decepciones en contextos de mayor incertidumbre, es decir, un proceso que no entiende ya el saber como una posesión adquirida para siempre, sino como la posibilidad de hacer nuevas experiencias, es decir, un proceso activo que incluye la exigencia de desaprender. «Aprender es la disposición permanente de enfrentarse a lo nuevo modificando los esquemas de expectativa aprendidos» (Luhmann / Schorr 1988). Es una manera más bien abstracta de decir algo que se ha instalado como un lugar común en nuestras sociedades (y del que tal vez no hayamos sacado todas las consecuencias): no hay aprendizaje sin reaprendizaje, sin esa revisión que debe realizarse cuando comprobamos la debilidad de lo que sabíamos.

¿Cuál es entonces el objetivo de la formación? ¿Qué idea tenemos de lo que es una persona formada? Las metáforas corrientes del ideal de formación reflejan una gran variedad de ideas preconcebidas acerca de nuestras aspiraciones. Está el modelo del almacén (enciclopedia, recopilación), el modelo de los bancos de datos (el mundo al alcance), el modelo pragmático de la socialización (interactividad, pluralismo), el modelo de la vivencia (individualización, lucha por la atención), el modelo de la velocidad (gestión del tiempo, flexibilidad-adaptación), el modelo del mercado de trabajo (identificación de formación y utilidad, la rentabilidad), el modelo burgués-occidental (el canon y la nostalgia del orden) (Prisching 2008). Todos estos modelos mantienen, sin duda, valores atractivos y probablemente un ideal ajustado de formación para el mundo contemporáneo debería recoger todas estas dimensiones. El problema consiste en encontrar un enfoque que integre todas esas dimensiones evitando las unilateralidades, que son el origen de una formación incompleta. Si hubiera que sintetizar ese ideal, yo diría que la formación en una sociedad del desconocimiento es la capacidad de realizar aprendizajes en un ambiente de especial incertidumbre, lo que examinaré a través de nueve propuestas: reflexividad, ignorancia, destrucción, interpretación, creatividad, inexactitud, incompetencia e inutilidad.

a) Reflexividad: lo importante es el saber nuevo

Ha habido sociedades en las que *se ha sabido mucho*, pero lo propio de la nuestra es que *se necesita saber mucho*: el saber no es una posesión, algo acreditado por la tradición, no es el saber del pasado, sino el saber del futuro, ese saber al que se aspira reflexionando sobre el saber que se tiene, es decir, superándolo. El saber que necesitamos no es el saber antiguo, acumulado e irreflexivo, sino el saber *nuevo*. Lo que está teniendo lugar es un cambio de énfasis que nos hace pasar de la aplicación del conocimiento *existente* a la creación de *nuevo* conocimiento. Nuestra sociedad se caracteriza por el hecho de que el conocimiento necesario para sus operaciones ya no está principalmente basado en la experiencia, sino que se genera a través de procesos activos de aprendizaje, una aspiración que nunca se termina de colmar.

Luhmann describió este mismo proceso con otras palabras al establecer una primacía del conocimiento frente a la prescripción: en amplios sectores de la sociedad, como la ciencia, la tecnología, la economía o los medios, aumenta la significación de un tipo de expectativas que podríamos llamar *cognitivas*, adaptativas, orientadas al aprendizaje, mientras que las expectativas *normativas* y prescriptivas están decayendo. Y sintetizaba esta oposición de la siguiente manera: «las expectativas cognitivas tratan de cambiarse a sí mismas; las normativas quieren cambiar a sus objetos» (Luhmann 1994, 55). Las expectativas cognitivas se oponen a las normativas en lo que se refiere al modo como consideran y gestionan las decepciones, lo cual supone una consideración completamente distinta del aprendizaje. Desde este punto de vista, una sociedad como la nuestra se caracterizaría porque sus miembros e instituciones, por así decirlo, prefieren aprender que enseñar; se relacionan con el mundo de un modo reflexivo y no dogmático, prefieren orientarse hacia la realidad, de un modo que esta pueda desmentir lo que creían saber, a buscar en todo momento su confirmación.

La reflexividad se diferencia de los procedimientos de acumulación de experiencia propios de otras formas sociales del pasado por el hecho de que las experiencias no se hacen ni reciben «pasivamente», sino de manera prospectiva e innovadora. Las orientaciones, normas y valores que antes se transmitían incuestionadamente, se ponen a disposición de la reflexión y para la futura producción de conocimiento en todos los sistemas sociales. Somos sociedades, por así decirlo, a la búsqueda del desmentido de lo que sabemos y que entendemos nuestro progreso como la institucionalización de esa peculiar frustración en los diversos ámbitos de la vida, en la ciencia, por supuesto, pero también en la economía o en la cultura.

Desde este punto de vista, la nuestra sería una sociedad del desconocimiento no porque sepa poco, sino porque aquello que sabe lo tiene como una propiedad inestable, amenazada por la controversia y el desmentido. La pequeña seguridad de la que disfrutamos es ese breve instante entre el saber aprendido y su inminente desacreditación.

b) Incertidumbre: gestionar lo que no sabemos

La mayor parte de los problemas de la sociedad contemporánea requieren una gran movilización cognitiva, la producción de un conocimiento del que todavía no disponemos y nos sitúan de hecho frente a una enorme ignorancia colectiva. Que el conocimiento sea tan importante no quiere decir que lo tengamos, sino, más bien al contrario, que aspiramos a tenerlo y, por tanto, ahora no lo tenemos.

Al mismo tiempo se da la circunstancia de que somos sociedades que producimos una gran cantidad de desconocimiento, tanto porque el progreso implica que el conocimiento actual se desvaloriza como porque el nuevo conocimiento genera sus correspondientes ignorancias, por ejemplo, el de las consecuencias secundarias de nuestras tecnologías o las nuevas exigencias de legitimación que plantean. Las tareas que acometemos incluyen dimensiones desconocidas y parcialmente desconocibles: consecuencias y efectos no previstos que han de ser gestionados en escenarios de futuro difícilmente anticipables y en entornos de complejidad, interdependencia y desterritorialización.

Para entender este tipo de sociedad es necesario comprender la función que desempeña la ignorancia en ella, por qué es importante la ignorancia para la adquisición y reproducción de conocimiento. La conciencia de que hay cosas que no conocemos y que incluso desconocemos que desconocemos nos obliga a desarrollar unas habilidades nuevas, muy distintas de las sociedades tradicionales e incluso de lo que hasta ahora denominábamos pomposamente sociedades del conocimiento.

Sheila Jasanoff ha llamado «tecnologías de la humildad» (2005, 373) a una manera institucionalizada de pensar los márgenes del conocimiento humano –lo desconocido, lo incierto, lo ambiguo y lo incontrolable– reconociendo los límites de la predicción y del control. Un planteamiento semejante impulsa a tener en cuenta la posibilidad de consecuencias imprevistas, a hacer explícitos los aspectos normativos que se esconden en las decisiones técnicas, a reconocer la necesidad de puntos de vista plurales y aprendizaje colectivo. Para eso resulta necesario desarrollar una cultura reflexiva de la inseguridad. Lo que no se sabe, el saber inseguro, lo meramente verosímil, las formas de saber no científico y la ignorancia no han de considerarse como fenómenos imperfectos, sino como recursos (Bonss 2003, 49). Hay asuntos en los que, al no haber un saber seguro y sin riesgos, deben desarrollarse estrategias cognitivas para actuar en la incertidumbre. Hay que aprender a moverse en un entorno que ya no es de claras relaciones entre causa y efecto, sino borroso y caótico.

El hecho de que buena parte de nuestras decisiones las adoptemos en entornos de riesgo e incertidumbre, de que los límites entre el saber y el no saber no sean ni estables ni evidentes, explica que haya unos debates especialmente intensos en cuanto a qué ignorancia podemos permitirnos o cómo valoramos los riesgos. Se podría afirmar que, en buena medida, las viejas distinciones ideológicas giran ya de hecho en torno a este tipo de cuestiones, configurando un nuevo antagonismo que enfrenta a temerarios y temerosos, o a quienes están más preocupados por un riesgo que por otro. Un liberal tiene más miedo a la burocracia o a la falta de creación de riqueza que a la desigual distribución, que suele ser lo que más preocupa a un socialdemócrata, que con frecuencia no parece demasiado interesado en tener una teoría del crecimiento económico. Las ideologías son hoy diferentes valoraciones del riesgo, miedos diversos.

c) La necesaria destrucción del conocimiento

Entre las incómodas desproporciones de nuestro mundo está una ignorancia muy propia de la sociedad de los datos, que se produce con el exceso de información y que se ha calificado con neologismos como «infobasura» o «infoxicación». La especialización y fragmentación del conocimiento han producido un incremento de información que va acompañado de un avance muy modesto en lo que se refiere a nuestra comprensión del mundo. En relación con el saber disponible, cada vez somos menos sabios. Pero es que además ese saber no es parcelable, sino que exige, al mismo tiempo, visiones de conjunto, cada vez más difíciles. Los diseñadores de *software* tienen para ello el término *overlinking*, el exceso de remisiones entre los elementos del saber. Se sabe que todo está vinculado con todo y, por tanto, no se sabe nada más. Así pues, la información y comunicación masivas informan sin orientar. Hay un exceso de estímulos que tienen la apariencia de información, pero frente a los cuales cada uno de nosotros ha de decidir si los considera información o no. Y no hay información sin interpretación, sin un filtro que reduzca la complejidad en la medida en que descalifica determinada cantidad de información como «ruido». El gran problema es acertar a la hora de descalificar algo como mero ruido y no omitir algo que sea relevante. La complejidad de un mundo inabarcable obliga a adoptar selecciones contingentes y arriesgadas.

En la actual marea de datos, lo más valioso es reducir correctamente la información. ¿Cuáles son las mejores estrategias para defenderse de ese peculiar exceso que nos amenaza? Podrían sintetizarse en dos habilidades básicas que de alguna manera tienen que ver con una cierta destrucción de conocimiento: gestionar la atención y aniquilar información.

Los seres humanos somos sistemas que elaboramos información, no paralelamente, sino de manera secuencial, una detrás de otra. Normalmente no podemos hacer muchas cosas a la vez. A mayor información disponible, más exigente es la gestión que hemos de hacer de nuestra atención y más escaso el tiempo que podemos dedicar a una información inabarcable.

Además de la adecuada gestión de la atención, los humanos estamos obligados a aniquilar información o, si se prefiere una fórmula más dramática, a destruir conocimiento. Cada día es más importante el arte de olvidar adecuadamente, un rechazo de información racionalmente fundado. La idea de que más información nunca hace daño no es verdad. El exceso es dañino, distrae de lo importante, puede incluso bloquear la decisión. Ignorar es racional cuando los costes de ocuparse con información adicional son más altos que su utilidad. La sociedad necesita formas de cultura para reducir lo posible a lo elaborable (Luhmann 1997, 405). Nos hacen falta técnicas que posibiliten salir adelante con un saber incompleto. El hecho de que sea limitada la capacidad de elaborar la información no significa que no haya ninguna diferencia relevante entre la incompletitud (*incompleteness*) accidental, resultado de una mala preparación, y otra deliberada y pretendida (Lindblom 1965, 519). La selectividad en la elaboración de información es inevitable, sí, pero puede ser estructurada con sentido. Por supuesto que en la aniquilación de información hay un elemento de riesgo, ya que la decisión acerca de si el conocimiento de algo vale la pena no tiene que ser adoptada sin saberlo del todo.

El problema básico al que nos enfrentamos es el de la discriminación inteligente: qué ha de ser omitido, desatendido, ignorado. El saber más valioso es saber qué es lo que no se necesita saber. Estar bien formado significa en las actuales condiciones haber desarrollado una habilidad especial para aniquilar información, para no tener en cuenta, para olvidar. Es algo que, por cierto, los ordenadores no pueden hacer. Su inclinación es siempre guardar y se resisten a olvidar, como lo muestra el hecho de que, ante cualquier orden de borrar, nos pregunten insistentemente «¿está usted seguro de que quiere borrar el documento x?» o que casi siempre sea posible rescatar una información que creíamos borrada. Lo que convierte a las informaciones en algo útil y significativo es la forma específicamente humana de procesar la información: el olvido.

d) Interpretar: la conveniencia de hacerse una idea general

Por lo general, no es un gran problema la carencia de datos, sino la profusión de datos irrelevantes y sin sentido, o la utilización de indicadores triviales. La mayor parte de nuestros problemas no proceden de la falta de información sino de la falta de criterio a la hora de buscar información. Cualquiera puede mediante Google procurarse información, relevante o no. Bajo la presión de las tecnologías de la información y la comunicación se tiende a interpretar todos los problemas como problemas de carencia de información. Pero a las cuestiones de sentido no se puede responder con informaciones.

La información no distingue entre lo que tiene sentido y lo que no lo tiene. Una enciclopedia contiene más información que la de la persona más inteligente del mundo. Lo que no contiene es saber. Saber es información con valor, con un alto grado de reflexividad. La cantidad de informaciones que están a nuestra disposición es algo que debe ser reelaborado. Hay que poner en relación datos, hechos, opiniones con el saber acreditado y elaborar una imagen coherente del mundo. Se trata de una competencia que puede ser adquirida; no es inevitable ver que el mundo se hunde en una basura informativa. Hay que convertir las informaciones en saber, valorándolas con criterios de significación.

Cuando la experiencia directa es muy limitada, cuando la acumulación de datos resulta inconveniente y no se requiere conocer el funcionamiento de los artefactos para poder usarlos, lo que se necesita son diseñadores del conocimiento que hagan de la información algo inteligente, que la conviertan en saber. El trabajador del futuro es un diseñador de la información, alguien que abre caminos en el laberinto de la información y el desconocimiento. Su prestación fundamental es el *info-mapping:* saber dónde está el saber. Y es que llegado un determinado momento, las informaciones ya no nos sirven para nada; tienen que ser filtradas, configuradas y estructuradas.

Continuamente enviamos, recibimos, almacenamos y manipulamos informaciones. Estamos expuestos a un flujo de datos en relación con los cuales hay que preguntarse qué es importante y qué puede ser ignorado. Las redes de suministro de datos no dan ninguna respuesta a estas preguntas. Por eso necesitamos, para no ahogarnos en la información, técnicas para la selección y discriminación cognitiva. La mayor capacidad del ser humano será su capacidad de selección. Lo que necesitamos son reducciones significativas de la complejidad, tarea siempre arriesgada pues sabemos que todo intento de simplificación alcanza un límite crítico en el que la reducción necesaria puede convertirse en simplicidad indebida.

De hecho, el mercado laboral hace tiempo que ha determinado cuáles son las competencias más requeridas y todas ellas tienen que ver con lo que acabo de señalar: comprensión, expresión, capacidad de elaborar una imagen coherente de la situación, hacerse cargo del contexto general, convertir el acceso universal a la información en selección significativa.

e) Creatividad: lo difícil no es encontrar sino buscar

En última instancia, un diseñador del conocimiento es alguien que se dedica a la búsqueda de las preguntas correctas. Más interesante que buscar respuestas para las preguntas es formular las preguntas de las que estas pueden ser las respuestas.

Donde mejor se manifiesta la creatividad humana es en el descubrimiento y la formulación de problemas. La perspectiva de la creatividad nos enseña que son más importantes los problemas que las soluciones, el *problem discovery* que el *problem solving,* del mismo modo que las preguntas requieren más inteligencia que las respuestas. Con frecuencia reducimos la creatividad a la solución de problemas reconocidos, pero la creatividad más necesaria es aquella que identifica problemas hasta ahora desconocidos. Las actividades más difíciles e importantes son las de identificación de los problemas y su gestión. Y las profesiones más cualificadas son aquellas que no se dedican a encontrar soluciones conocidas para problemas conocidos, sino problemas desconocidos para soluciones posibles.

La resolución de problemas no forma parte de los ejercicios más difíciles de la acción creativa. En la *creative problem solving* se resuelven problemas que están relativamente bien estructurados. En estos casos, más que creatividad, lo que se necesita es un pensamiento ordenado. En cambio, los problemas más complejos no están en absoluto estructurados. Frecuentemente no son ni siquiera reconocidos como problemas, mucho menos definidos. En estos casos la creatividad no se requiere para encontrar nuevas soluciones a problemas conocidos, sino para descubrir como problemas potenciales nuevas configuraciones o desarrollos. Y es ahí donde la creatividad se manifiesta como una gestión del desconocimiento.

A veces lo que pasa es que un determinado problema que nos ocupa oculta otro problema muy diferente. Todos conocemos circunstancias personales, familiares o sociales en las que no se sale de un determinado problema sin ayuda de otros. Muchas veces el problema consiste en que tenemos soluciones para problemas no existentes o modificados, mientras que nadie ha iluminado los nuevos problemas con la luz que sería necesaria para proceder a su adecuada solución. Hay bloqueos de la comunicación y conflictos que se consolidan como tales no porque falten soluciones, sino porque no acertamos a definir bien los términos del problema. Son los *wicked problems* en los que no sólo no sabemos la solución, sino que tampoco estamos muy seguros acerca de cuál es el problema. En estos casos tanto los fundamentos cognitivos como los criterios normativos y de decisión son inseguros y discutidos (Fischer, 2001). La creatividad que entonces se requiere no es tanto la relativa a la solución como la necesaria para el descubrimiento del auténtico problema.

Para entender esto hay que comenzar distinguiendo entre dos tipos de aprendizaje. El primero se refiere a la adaptación o mejora dentro de un marco dado, a la mera ampliación del saber o la simple modificación del comportamiento dentro del repertorio habitual. Aquí podríamos situar a esa ciencia de la que, según Nietzsche, no hay que esperar ningún desorden (1988a, 351) y que posteriormente ha recibido el nombre de «ciencia normal» (*normal science*): una discusión que puede ser aguda en ocasiones, pero que no cuestiona los marcos generales de la representación.

El segundo nivel consiste en la ampliación del repertorio de posibilidades transformando los conceptos y estructuras, lo que exige un salto cualitativo. Podemos llamar a estos «aprendizajes de segundo orden» o reflexivos.

Se trata de aquellas transformaciones que cuestionan los criterios, los paradigmas y los marcos, aunque no necesariamente todos al mismo tiempo.

Hay una distinción paralela a la anterior: la diferencia entre pericia y formación. La pericia nos convierte en autómatas que reaccionan con la misma respuesta ante los estímulos; la formación nos hace modificar las preguntas. En un caso, alguien adquiere la destreza de buscar las soluciones adecuadas para los problemas que le vienen dados; en el otro, son los problemas mismos lo que uno tiene que gestionar, es decir, identificar, formular o replantear.

La inteligencia creativa es una propiedad que no puede describirse completamente con los tradicionales criterios de racionalidad. Cuando de lo que se trata es de hacerse con experiencias nuevas y no tanto avanzar en las continuidades adquiridas, entonces la inteligencia no es optimizar los resultados, sino la capacidad de sobreponerse a los errores, transformar las decepciones en aprendizajes. La inteligencia en su dimensión más creativa es la capacidad para desenvolverse en contextos en los que uno no se maneja del todo.

Cuando hablamos de cambios profundos, de reformulación de problemas, de auténtica creatividad o innovación radical, hemos de saber que estamos invitando a un tipo de vida que carece de las seguridades en las que solemos instalarnos cómodamente. Quien quiera ser creativo lo primero que ha de aprender es a vivir en la inestabilidad, en el cambio (Senge 1999). La generación de nuevo saber requiere una capacidad para soportar la inseguridad que inauguran las nuevas opciones. Únicamente se aprende si se asumen los riesgos de esa inseguridad. De todas maneras, consuela saber que «*no risk is the highest risk of all*» (Wildavsky 1979a), que el mayor de todos los riesgos es no querer tenerlos, del mismo modo que la peor equivocación consiste en impedir sistemáticamente equivocarse, a uno mismo o a otros. Quien pretenda a toda costa no equivocarse, ya se ha equivocado. De este modo, lo que se consigue es equivocarse ya de entrada.

En contextos de cambio objetivo o deseado, cuando las cosas parecen perder la vigencia que tenían hasta el momento o cuando intencionadamente se las quiere someter a revisión, todo lo aprendido está bajo la sospecha de la provisionalidad, de la validez condicionada, de la falta de solidez. La sabiduría, el aprendizaje o la experiencia no son instalaciones fijas, sino disposiciones hacia lo nuevo. Adorno lo sintetizaba con la idea de que la verdadera experiencia supone una rebelión contra la idea de la experiencia como posesión (1958, 117). Si el aprendizaje está estrechamente vinculado con la invención y la innovación, esto quiere decir que aprender es reaprender: modificar lo sabido, corregir las expectativas. No aprende nada quien ve en todo la ocasión de confirmar lo que ya sabía, quien no combate ese «arte de ignorar» (Luhmann 2000) que habitualmente cultivamos tanto las personas como las organizaciones.

¿En qué consiste el aprendizaje que permite la realización de experiencias nuevas? Pues fundamentalmente en mantener una disposición hacia la realidad que aproveche cognoscitivamente las decepciones. Sólo aprende quien, tras la decepción de las propias expectativas (de lo que se esperaba, deseaba o temía), no insiste en ellas, sino que absorbe estas decepciones y modifica sus expectativas. Para ello se requiere ejercitar el trato con la desorientación, la disposición a no tenerlo todo claro. Luhmann lo expresaba afirmando que la adquisición de un saber nuevo exige capacidad de sorpresa, de sobrepasar el «umbral de la inverosimilitud», es decir, que «la experiencia de la novedad presupone un observador que sea capaz de darse cuenta de que se modifican las expectativas» (1994, 216).

Esta disposición hacia el aprendizaje supone una cierta lucha contra la tendencia que tenemos los seres humanos a sentenciar antes de tener las pruebas y buscar posteriormente las pruebas que se ajustan a nuestro juicio. Los dirigentes se hacen aconsejar por sus aduladores, los médicos prescriben terapias sin haber hecho el diagnóstico, seleccionamos de la realidad únicamente aquello que confirma nuestros prejuicios... Tras las decepciones se puede reaccionar de un doble modo: adaptando la expectativa a la decepción o insistiendo en que sean otros los que modifiquen sus expectativas. En última instancia, en esto consiste aprender: ponerse en disposición de realizar experiencias sorprendentes y modificar la propia conducta de acuerdo con esos descubrimientos.

La educación fortalece la capacidad de mantenerse en esa inquietud estructural que entrena la atención para las rupturas inesperadas y las modificaciones imprevistas. Los organismos y las organizaciones deben su supervivencia a su disposición y capacidad para establecer una serie de operaciones permanentes de verificación. El saber no se produce cuando se apropian de contenidos estables, sino en la medida en que recomponen continuamente sus estructuras de observación y expectativa. Dicho de otra manera: los sistemas psíquicos y sociales sólo se estabilizan a través del cambio. Así se verifica una de las paradojas más sorprendentes de la acción creativa, que sirve para la supervivencia en la medida en que constituye una cierta subversión de la propia necesidad de estabilidad que tienen los sistemas. Sólo sobreviven aquellos sistemas que no están obsesionados con su propia supervivencia; la estabilidad se consigue saboteando el deseo de estabilidad.

f) Autonomía: pensar por uno mismo

A nada que reflexionemos un poco, caeremos en la cuenta de que generalmente nos piensan otros, de que buena parte del pensamiento lo tenemos subcontratado. Casi todo lo que sabemos del mundo lo sabemos a través de determinadas mediaciones. Como decía Niklas Luhmann, la mayor parte de lo que conocemos es porque nos lo han dicho. La realidad no se nos da de manera inmediata sino mediada, a través de la autoridad de otros o la confianza que nos merecen (y aunque a veces se la merezcan bien poco).

Carece de sentido quejarse de que las cosas sean así. Una vez que hemos abandonado la simplicidad del medio natural o la mistificación del mundo rural, no podría ser de otra manera: sabríamos muy poco si sólo supiéramos lo que sabemos personalmente. Nos servimos de una gran cantidad de prótesis epistemológicas. Nuestro suplemento cognoscitivo está edificado sobre la confianza y la delegación. Las experiencias secundarias determinan la vida de los seres humanos con tanta fuerza al menos, si no más, que las primarias.

Estamos rodeados de personas y cosas que piensan por nosotros: bajo la forma de dispositivos tecnológicos cuyo funcionamiento desconocemos (casi nadie es capaz de arreglar un coche por sí mismo; abrir el capó cuando se nos ha estropeado es un mero acto de soberanía antes de la definitiva claudicación); de experiencias que otros han tenido y a las que creemos (la autoridad de los expertos o el mundo que conocemos únicamente a través de los medios de comunicación); de rumores, que son el estatuto habitual de las opiniones en el mundo en el que vivimos (porque son muchos, se contradicen y apenas podemos comprobarlos personalmente); y, en un nivel más banal, de lugares comunes, tópicos o prejuicios que nos ahorran el esfuerzo de tener que pensar todo por nosotros mismos, pero que muchas veces nos impiden pensar por cuenta propia. Consideradas así las cosas, es como si estuviéramos atravesados por flujos frente a los que habitualmente no oponemos la menor resistencia, que sólo se interrumpen en situaciones críticas o cuando a uno le entra la manía de pensar. Nos instalamos así en esa franja cómoda en la que apenas nos equivocamos radicalmente, pero donde no podemos realizar ningún descubrimiento verdaderamente personal.

Para ponderar en su justa medida hasta qué punto es valioso liberarse de los lugares comunes conviene, de todas maneras, no perder de vista a qué se debe su persistencia. Los seres humanos necesitamos no tener que pensar en todo para poder pensar en algo. Los tópicos, las tecnologías que nos convierten en usuarios sumisos y agnósticos; la comodidad de lo impersonal, la delegación y la confianza son cosas sin las que la vida nos resultaría insoportable... más incluso que con ellas. Hay una grata comodidad que consiste en poder dar muchas cosas por supuestas. Y una sociedad justa amplía enormemente este tipo de comodidades cuando se trata de saber cómo le va a tratar a uno la policía, si le van a devolver un préstamo o si podemos dar por supuesto que generalmente la gente cumple las reglas de tráfico. Viviríamos una vida más simple –en el doble sentido de la palabra– si sólo pudiéramos manejar artefactos cuyo funcionamiento comprendiéramos, si no hubiera más que bricolaje y todo fuera «hágalo usted mismo». Nos perderíamos la riqueza del intercambio tecnológico y la información compartida, ese mundo construido por otros que es, a la vez, ampliación de nuestra libertad y origen de tantas decepciones.

La confianza ha ido configurando una serie de delegaciones (de autoridad, información y conocimiento) que impiden esa sobrecarga o reducción de nuestro mundo que se seguiría si no pudiéramos confiar en nadie, si tuviéramos que decidir todo por nosotros mismos, si nos negáramos a otorgar validez alguna a cuanto no hemos comprobado personalmente. Volveríamos a la economía del trueque, al entorno inmediato, a la sobrecarga de nuestra capacidad de decidir. Desaparecería el crédito, la delegación, la confianza y, con ello, el mundo tal y como lo hemos configurado.

Sólo un nostálgico podría considerar que esta forma de ignorancia informada es algo fundamentalmente negativo. A las cosas que piensan por nosotros les debemos conquistas que nos resultan irrenunciables. Por formularlo de una manera un tanto provocativa: nuestra civilización podría renunciar, si fuera necesario, a las personas inteligentes, pero no a las cosas inteligentes. El progreso civilizatorio no es impulsado por lo que los seres humanos piensan, sino gracias a lo que les ahorra pensar. El filósofo norteamericano Alfred N. Whitehead lo decía así: «la civilización avanza en proporción al número de operaciones que la gente puede hacer sin pensar en ellas» (1948, 41). La civilización progresa en la medida en que hay aparatos y procedimientos que nos permiten actuar sin tener que reflexionar.

Ahora bien, el pensamiento es, en su forma más elemental, la capacidad de interrumpir. Pensar equivale a ausentarse de esos cómodos entornos y quedarse de alguna manera solo. El pensamiento implica una cierta contrariedad frente a la multitud, aunque en esto los automatismos son malos consejeros. La verdad tiene poco que ver con el hecho, sin más, de coincidir o discrepar, de estar solo o acompañado. Para ciertas cosas la originalidad es sospechosa y la conformidad con la mayoría es una garantía de racionalidad; si uno va por el carril de una autopista es mejor ir en el mismo sentido que los demás. Pero tratándose de nuestras propias convicciones uno debería preocuparse de la excesiva compañía y no hay cosa más repugnante que la «hooliganización» de nuestras opiniones que se produce cuando entramos en la reverberación de un grupo demasiado poderoso. La excesiva conformidad debe hacer que salten nuestras alarmas, pero tampoco la crítica más radical está siempre libre de previsibilidad. Con frecuencia los indignados y los rebeldes son tan presos del lugar común como los resignados.

Desde hace tiempo hemos vinculado la idea de formación como autenticidad con la capacidad de pensar por uno mismo e ideales análogos. Podríamos poner en relación el auténtico pensamiento con el error y la ingenuidad, es decir, como lo contrario de esas formas de pensar y de actuar en las que no es posible equivocarse. Por decirlo de una manera provocativa: nos hacen falta tontos que se equivoquen, que piensen por sí mismos, fuera del lugar común, de lo que se dice o de la información tenida por tal. Botho Strauss lo ha formulado con una fuerza especial: «hay una enorme pérdida de tontería genuina o, dicho de una manera positiva, una enorme pérdida de ingenuidad. Ya no se encuentran seres humanos, sino interlocutores a través de los cuales fluye todo lo que se dice, que se dejan atravesar por todo los que pasa a través de los canales de la comunicación. Ya no hay una clara discriminación ni alguna forma de ingenuidad, que está cubierta por el barniz de la inteligencia exterior» (Strauss, 2000).

g) Inexactitud: cosas cuyo valor no es su tamaño

Puede que estemos en una época mucho menos creativa de lo que se entiende a sí misma. Una cosa son las retóricas de la creatividad y otra su realidad efectiva. Y donde mejor se manifiesta esta disposición es en el mito de la exactitud, es decir, en la creencia de que sólo son buenas las soluciones exactas y que cualquier problema puede reducirse a su tratamiento cuantitativo a partir de la enorme cantidad de datos que tenemos a nuestra disposición. Exaltamos la originalidad y el valor de la decisión, pero vivimos también en la época del *benchmarking*, de la búsqueda de la cuantificación, del *governing by numbers*, que no es sino un modo de tomar decisiones de manera que parezca que no se decide (Porter 1995, 8; Miller

2001): indicadores, *rankings*, datos y mediciones. Por supuesto que no se puede gobernar sin observar lo que otros hacen o sin medir los efectos de las propias decisiones. Pero los datos y los números deben estar sometidos a un proceso de reflexión, que los interprete adecuadamente y favorezca el aprendizaje colectivo. Se trataría fundamentalmente de evitar los automatismos, que son uno de los grandes impedimentos de la creatividad, tanto en materia de comprensión e interpretación de la realidad como en lo que se refiere a la toma de decisiones.

El análisis de los datos ha ido adquiriendo progresivamente la primacía respecto de otras formas de conocimiento. Se ha instalado un modelo cognitivo neopositivista fundado sobre el tratamiento de datos. La disponibilidad de datos es la marca distintiva de nuestra época. Su creencia es que, correctamente leídos, los datos nos ofrecerían un espejo en el que, por primera vez en la historia de la humanidad, podríamos conocernos plenamente. Para esta manera de entender la realidad, no solamente la percepción sino también una parte esencial del análisis conceptual se consideran superfluas.

Todo esto se inscribe en una tendencia según la cual el desarrollo de los conocimientos y la construcción de sentido no se llevarían a cabo por la confrontación de una teoría con la realidad, sino simplemente a partir de conmutaciones y permutaciones efectuadas sobre las masas enormes de datos. Estas permutaciones estadísticas son fundamentalmente agnósticas y el proceso de descubrimiento se entiende sobre el cánon de un razonamiento inductivo. No es necesaria ninguna teoría: el modelo, en el caso de que exista, emerge del proceso «de abajo arriba» (*bottom-up*) de la manipulación estadística de datos. Hay quienes predicen incluso el final de la teoría y de la ciencia en el sentido habitual de desarrollo conceptual fundado sobre pruebas empíricas; aseguran que el conocimiento terminará siendo derivado exclusivamente por las correlaciones extraídas de las grandes masas de datos; la época en la que los datos sin teoría no eran más que ruido será superada (Anderson 2006). En este contexto neopositivista el análisis conceptual se convierte en una actividad inútil. La «realidad» surgiría tras la «precipitación» cognitiva de partículas computacionales.

Este modo de pensar está inducido por numerosos factores tecnológicos y culturales, entre los cuales cabe destacar la circulación masiva de elementos cognitivos disponibles bajo la forma de datos informáticos, a partir de cuyo tratamiento estadístico se construyen significaciones y orientaciones prácticas. Esta posibilidad no se limita al saber científico, sino que se extiende a través del tejido social por medio de una infraestructura de informaciones cada vez más densa, gracias a la cual se configuran y transmiten los datos. En este proceso se lleva a cabo un cambio furtivo pero crucial, que no afecta únicamente al modo en que los investigadores entienden su existencia, sino también a cómo todos la construimos. Tendemos a definir las situaciones de la vida como los problemas cognitivos, cuya naturaleza es computacional o se lee en términos de navegación (qué ver o qué hacer, cómo encontrar una película, pero también un amigo o una pareja) y que pueden ser resueltos mediante cálculos automatizados complejos, efectuados a partir de los datos e informaciones que suministran las tecnologías modernas y los modos de vida a ellas asociados.

Es frecuente pensar que los ordenadores procesan algo que ya es información, pero esto no es cierto más que en una acepción muy rudimentaria. Lo que los humanos entendemos por información no son los datos sin más, sino los datos con un determinado sentido. La información sólo existe a partir de la interacción entre el humano y la máquina. Los ordenadores procesan únicamente datos o información potencial. No hay información propiamente dicha si los datos no han sido procesados e interpretados, mientras no estén inscritos en un contexto de sentido.

Por supuesto que no tiene ningún sentido competir con el ordenador en velocidad, precisión o completitud. Pero hay al menos dos dimensiones de nuestra inteligencia de la que carecen las máquinas: la capacidad analógica y la valoración del conjunto. De nosotros se puede esperar una competencia creativa que consiste en pensar inexactamente, como ocurre, por ejemplo, en esa utilización inadecuada del lenguaje que son las metáforas. La inexactitud creativa es la fuerza heurística de todas las posibles formas de analogía. Fortalecer el pensamiento inexacto significa ampliar nuestra capacidad de cálculo con las capacidades intuitivas e incluso no racionales. La segunda especificidad de la creatividad humana es ponderar los resultados de toda función de cálculo, valorarlos, interpretarlos, impidiendo así su aplicación irreflexiva y corrigiendo los fallos de la exactitud. Bien, ya tenemos los datos, ahora se trata de conocer la realidad. El pensamiento metafórico, la capacidad analógica y la ponderación son capacidades que tienen en común la competencia para navegar en el espacio que media entre el saber y el no saber, lo que podríamos llamar la gestión del desconocimiento. La creatividad sería entonces algo así como un saber acerca del no saber. Todo el que está interesado en la creatividad no hace otra cosa que dispensar más atención de la habitual a ese ámbito de la ignorancia que otros ignoran sin producirles la menor inquietud.

Por eso el pensamiento implica siempre un cierto sabotaje contra la división del trabajo establecida, contra la parcelación del saber y la especialización, contra la exactitud de las soluciones habituales; supone una revisión de las competencias y de las expectativas, una fuerte disposición a aprender fuera del saber y las prácticas establecidas.

h) Una educación para la incompetencia

Existen instituciones y leyes que velan para que haya una verdadera y justa competencia en el mercado, pero no es sobre esto de lo que quiero hablar, sino contra ese furor pedagógico que nos ha llevado a poner en el centro de la educación la idea de competencia y no la de conocimiento. Por cierto que entre ambas competencias, la económica y la educativa, hay un vínculo muy elocuente: la remisión al mercado –como instrumento para la determinación de los precios, en un caso, o como empleabilidad, en el otro– donde se acreditaría el valor de las cosas, bienes o conocimientos, reducidas así al valor de cambio. Es cierto que para establecer lo que valen la mayor parte de las cosas no hay mejor instrumento que el juego de la competencia, pero cuando hablamos de educación y conocimiento nos referimos también a otros valores cuyo significado no se decide únicamente por el rendimiento práctico o la ventaja competitiva.

La actual apoteosis de la educación por competencias concibe la escuela y la universidad como preparación profesional donde no se trata tanto de conocimiento y formación como de competencias y habilidades para aventajar a los competidores. Esto implica entender la educación como adiestramiento en capacidades formales que puedan ponerse al servicio de cualquier cosa, de manera análoga a cómo la flexibilidad se eleva a criterio central para la empleabilidad. El furor competencial viene impulsado por un tipo de discurso muy similar a ciertas retóricas de la modernización económica que consideran improductivo cualquier coste sin rendimiento económico, incluidos todos aquellos que se derivan de los compromisos sociales del Estado de bienestar; en el ámbito educativo, análogamente, lo que tenemos es un discurso que desprecia los saberes inútiles y pretende sustituirlos por capacitaciones inmediatas, de acuerdo con las necesidades y problemas reales de quien tiene que ser educado.

Se trataría de que al final del proceso educativo no hubiera tanto una persona formada como alguien competente, pertrechado con las capacidades que le permitan, en cualquier situación, hacerse con la información necesaria y tomar las decisiones correctas.

El paso de unos planes de estudios definidos por conocimientos y contenidos a otros enfocados a las competencias es la manifestación más visible de una desvalorización general del saber en las escuelas y las universidades. Seducidos por la idea de que en una sociedad del conocimiento de lo que se trata es de desarrollar aquellas capacidades que permiten gestionar competentemente *cualquier saber*, parece que no nos hemos dado cuenta de que así *el saber* se convierte en algo secundario. Las competencias giran en el vacío. Por eso hablamos de competencia lectora en vez de textos, adiestramos la capacidad de resolución de conflictos en vez de formar el sentido de la justicia, educamos la capacidad de comunicar y no tanto para tener algo que decir. Este es el contexto en el que se minusvaloran ciertas áreas del conocimiento, como las humanidades o la filosofía, lo cual no sería especialmente grave comparado con lo que implica de desprecio hacia el saber como tal.

Es como si no tuviéramos idea de qué contenidos tienen valor por sí mismos y son el alimento necesario para la formación de nuestros jóvenes. Entendemos el conocimiento como una variable dependiente de los resultados, de acuerdo con sus necesidades, con los intereses de los empleadores o con un futuro mercado laboral que nadie conoce. Incluso cuando uno estudia cosas raras –y a los filósofos nos pasa con frecuencia– se ve obligado a justificarlo, alegando que así desarrolla ciertas capacidades cognitivas que pueden ser de utilidad en la vida profesional. Es como si no fuéramos capaces de justificar el valor del conocimiento sin apelar a su utilidad. No tiene nada de extraño, por tanto, que en este horizonte desaparezcan ciertos contenidos, más aún, cualquier contenido, que pasa a ser un mero pretexto para el ejercicio de competencias vacías a las que consideramos prácticas y necesarias para la vida.

¿Y si la buena educación, en última instancia, no fuera otra cosa que educación para la incompetencia? Quiero decir que más allá del adiestramiento para las destrezas que se requieren para la supervivencia, en toda educación verdadera hay un momento en el que se suspende la urgencia de las necesidades para adentrarnos en el lujo de la reflexividad, donde no se trata tanto de desarrollar habilidades prácticas como de aprender a descubrir lo que tiene valor en sí, con independencia de la necesidad que satisfaga o la utilidad inmediata que prometa. Las preguntas básicas de la vida, las que interrogan por lo bello, lo bueno, lo justo o lo verdadero, no son resolubles como los problemas cuya solución pretende la educación por competencias. La verdadera educación termina enfrentándonos a problemas que no pueden ser liquidados, para los que nunca terminamos de ser plenamente competentes.

Por supuesto que las instituciones educativas tienen que transmitir capacidades que permitan el ejercicio de una actividad profesional. La cuestión que planteo es si se trata sólo de eso o si la formación puede conseguirse sin plantear un tipo de reflexión más allá de las consideraciones de utilidad, lo que en otro tiempo se llamó artes liberales y hoy humanidades. ¿Podemos entender cabalmente el mundo, el ser humano o la sociedad sin hacernos preguntas que parecerán ociosas a los pragmáticos, preguntas por el sentido o el valor, que sólo se plantean cuando ha pasado a un segundo plano la cuestión del rendimiento y el precio?

El filósofo Odo Marquard encumbró la filosofía a la dignidad del saber con mayor grado de incompetencia, precisamente porque la filosofía tiene una especial adicción a los problemas irresolubles, que nunca termina de solucionar pero que tampoco puede quitarse de encima (1987, 23). Se plantea unos problemas –si existe el mundo, si somos libres, qué quiere decir que algo es verdadero o bueno... – frente a los cuales no puede más que fracasar. Lo que nos hace fracasar son los grandes temas, no las pequeñas habilidades. Por eso pienso que la filosofía no puede estar vinculada al cumplimiento de determinadas expectativas sobre su rendimiento. Su obligación de mantenimiento de la reflexividad se vería destruida si se limitara su derecho a preguntar, ya sea violentando las respuestas o tratando de decidir de antemano qué preguntas le son pertinentes. La filosofía, como dice Hans Blumenberg, vela por algo que es una conquista de toda cultura, lo protege y hace valer: la inconveniencia de reprimir sus problemas elementales declarándolos superados. Formación es también, y sobre todo, respeto a las preguntas que no podemos responder, que nos hacen cavilar y nos dejan en la cavilación. Y quedarse pensando es una manera de mostrar que no todo es evidente o superficial.

Este choque con los límites de nuestra competencia no es una propiedad exclusiva de la filosofía, sino, en el fondo, una característica de todo verdadero saber. Formar a alguien es entrenarle para experimentar los límites de su competencia. En una sociedad y en los procesos de formación personal es importante la experiencia del fracaso, de los problemas irresolubles y hacerse preguntas que cuestionan las utilidades en las que vivimos: ¿qué significa ser útil? ¿Por qué esas competencias y no otras? En unos momentos en los que la solución de los problemas pasa por el convencimiento de que no hay problemas, cuando abundan soluciones demasiado fáciles a problemas apenas formulados y objetivos que se postulan como si fueran evidencias, la tarea de educar debe incluir un momento de reflexividad y cuestionamiento de las utilidades inmediatas. Podríamos llamarlo, a falta de una denominación menos provocadora, educación para la incompetencia.

i) Inutilidad: el valor del saber

La idea de que vivimos en una sociedad del conocimiento se ha convertido en un lugar común. El saber y la formación, se dice, son los principales recursos y quien invierta en formación estará invirtiendo en el futuro. A primera vista parecería que se cumple así el sueño de una sociedad formada. Una segunda mirada es más bien decepcionante: mucho de lo que se presenta como «sociedad del conocimiento» no deja de ser un gesto retórico que tiene menos que ver con la idea de formación que con intereses políticos y económicos inmediatos. Uno tiene incluso la impresión de que en la sociedad del conocimiento precisamente lo que no tiene ningún valor *propio* es el conocimiento, en la medida en que el saber es definido de acuerdo con criterios, expectativas, aplicaciones y valoraciones externas.

Se dice que la sociedad del conocimiento ha sustituido a la sociedad industrial, pero da la impresión de que, al contrario, es el saber el que se ha industrializado de manera acelerada y se piensa la producción, transmisión, almacenamiento y aplicación del saber como si se tratara de un bien más. De hecho, el lenguaje es muy delator: nos hablan de transferir la investigación en tecnologías, es decir, en zonas de rentabilidad económica.

La universidad está sufriendo una enorme presión de funcionalización económica inmediata, lo que se pone de manifiesto en esa alianza ideológica entre las cantidades y la pedagogía, en virtud de la cual todo se resuelve en magnitudes contables y se dispone para su utilidad mercantil gracias a una genérica capacitación pedagógica. Para comprender este proceso basta con reflexionar sobre la significación que tienen algunos procedimientos en marcha: la acreditación está todavía muy condicionada por el peso de las cantidades; los nuevos créditos ECTS (European Credit Transfer and Accumulation System) están pensados a la medida de las normas industriales; la euforia del *power point* sirve para prescindir de las conexiones lógicas; el impulso del trabajo en equipo funciona como procedimiento para favorecer la homogenización y disuadir de la creatividad individual; los *rankings* son un producto de la mentalidad del *management* aplicada a la enseñanza...

Lo que todo esto revela es que no estamos hablando tanto de formación como de un tipo de saber que se trata como una materia prima y que convierte a los estudiantes en algo disponible para el mercado de trabajo. El saber y la formación no son ningún fin en sí, sino un medio para los mercados emergentes, la cualificación de los puestos de trabajo, la movilidad de los servicios y el crecimiento de la economía. No es extraño que el lenguaje de los valores inmateriales adopte la forma del capital: como capital humano, social o relacional. Toda capacidad humana se convierte en una capacidad de la que se puede hacer un balance. De ahí la dificultad a la que se enfrentan aquellas materias en las que se ejercita una forma de pensamiento que no tiene relación inmediata con una praxis, como las lenguas clásicas, las matemáticas, el arte, la música, la filosofía... Domina el modelo de la empleabilidad y la competitividad. Como nos advierten reiteradamente, en un mundo que cambia velozmente, en el que se modifican las competencias, habilidades y contenidos exigidos, la «falta de formación» (lo dicen con otras palabras, pero es esto) se convierte en una virtud que permite al sujeto, con flexibilidad, rapidez y sin cargas, ponerse a disposición de las exigencias del mercado.

Ahora bien, el «hombre o la mujer flexibles», que están dispuestos a aprender toda su vida, que ponen sus habilidades cognitivas a disposición de los mercados frenéticos, son una caricatura de la formación humana. Sin capacidad sintética, sin sentido ni interpretación, un saber así no es más que piezas prefabricadas (módulos y créditos), que se pueden poner a disposición de casi cualquier cosa y se olvidan. De un saber fragmentado y universalmente disponible no se sigue ningún ideal de formación ni de sentido crítico.

Todo esto revela un profundo desconcierto acerca de lo que significa el saber y de su utilidad social última. El saber es más que información con utilidad inmediata; es una forma de apropiación del mundo: conocimiento, comprensión y juicio. Sin reelaboración y apropiación subjetiva en términos de comprensión, la mayor parte de las informaciones se quedan como algo meramente exterior. A diferencia de la información, que es interpretación de datos para la acción, el saber es una interpretación de datos para describir su relación causal y su consistencia interna. Los datos y conceptos sólo se convierten en saber cuando pueden ser vinculados de acuerdo con criterios lógicos y consistentes que constituyan una totalidad con sentido. El saber existe únicamente allí donde algo se explica o se comprende. Saber significa siempre poder dar una respuesta a la pregunta acerca del qué y el por qué.

El valor del saber que la escuela o la universidad están obligadas a representar no es el del almacenamiento, la competencia o la utilidad inmediata. Cuando sostenemos que la universidad concretamente es un espacio en el que hay docencia e investigación no estamos aludiendo a dos actividades que deban realizarse *al mismo tiempo*, sino a la naturaleza del saber que se cultiva en la universidad; que uno enseña lo que investiga e investiga lo que enseña quiere decir que nos interesa aquella dimensión del saber que lo tiene como algo provisional, revisable, discutible, sujeto a crítica; de alguna manera nos dedicamos a enseñar lo que no sabemos. Para el saber asegurado están otras academias de noble oficio.

La universidad es el lugar de la problematización del saber, donde el saber se revisa continuamente y se convierte en objeto de reflexión. Este tipo de saber no se puede producir donde no hay una cierta libertad frente a la utilidad, el imperativo de la relevancia para la praxis, la cercanía social, la actualidad. El saber en este sentido se escapa de los modelos estandarizables y reproducibles; remite siempre a una creatividad que no se puede institucionalizar en procedimientos que la aseguren. Y esto es precisamente lo que está en juego: la consideración del saber como una mercancía o como algo que tiene valor en sí mismo, como mera pericia que se transmite o como juicio crítico que cada uno (cada sujeto, cada generación) debe adquirir.

5

La revolución cognitiva de la ética

Los mejores defensores de algo no suelen ser quienes recomiendan su empleo para cualquier cosa, sino quienes aconsejan su uso limitado a las circunstancias para las que está indicado. Esta constatación vale también para la moral, que, siendo una estrategia contra las tentaciones, suele ser ella misma una tentación. Aquel gran moralista que fue Emmanuel Levinás tenía toda la autoridad para criticar la fascinación por la moral (1990, 5). Seguramente, la mejor defensa de la moral es proteger su especificidad frente a su utilización para cualquier cosa como si fuera una especie de remedio universal. Hay asuntos para los que el recurso a la moral no sólo no sirve de nada, sino que lo estropea todo. Cualquier cosa en dosis exageradas suele malograr los buenos efectos que tiene si se suministra en la cantidad adecuada.

Mis reparos frente a la moral no se deben a que sea una persona especialmente malvada, sino a que he comprobado muchas veces los infortunios de la buena voluntad: que los mejor intencionados son quienes más estropean las cosas; que la moral suele simplificar demasiado las cosas; que preguntarse siempre y en primer lugar por quiénes son los buenos y los malos nos lleva con frecuencia a diagnósticos erróneos; que apelar demasiado pronto a la moral nos impide comprender de qué va la cosa; que no es muy razonable ponerlo todo perdido de principios...

Voy a tratar de explicarlo con una pequeña gran narración, porque tal vez se haya pasado aquella crisis de los grandes relatos que diagnosticó François Lyotard en la década de 1970 y que nos llevó a ser demasiado cautos en materia de generalizaciones. Ahora que andamos sobrados de descripciones exhaustivas de cualquier nimiedad y echamos tanto de menos historias que nos inscriban en una totalidad con sentido, propongo el siguiente microrrelato de la historia universal de la moralidad, la historia de la ética en una frase: al principio era la moralización indiferenciada, vino después la individualización de la ética y tenemos por delante el desafío de proceder a su desindividualización, subrayar su valor cognitivo y repensarla para una sociedad compleja.

Las sociedades tradicionales, premodernas, se caracterizan porque en ellas había lo que Marcel Mauss llamaba un «hecho social total». La ética, la religión y el conocimiento eran realidades indiscernibles. En cada acontecimiento de la vida humana, en cualquier acción, todo estaba ahí (lo cognitivo, lo moral, lo político, lo bello...). La sabiduría era inseparable de la bondad y la piedad. Se suponía que el que más sabía era la mejor persona y que tenían que mandar los más listos, que los más ejemplares debían regir los destinos colectivos. Tampoco había una diferencia sustancial entre el saber teórico y el práctico, lo que testimonia muy bien aquel rapsoda protagonista del diálogo *Ion* de Platón que aseguraba ser capaz de conducir una guerra por haber leído libros sobre batallas navales.

La modernidad supuso, entre otras cosas, un proceso de diferenciación. El derecho se desliga de la moral; el arte se emancipa de servir a la religión; la economía se despolitiza... Al diferenciarse la moral de todo lo demás, se especifica y limita. La evolución de la conciencia moral implica una cierta delimitación de la moralidad, que desmoraliza ámbitos que antes no lo estaban: se protege a la política frente a la moralización desde el momento en que la discrepancia no es descalificada moralmente; empezamos a pensar que haber perdido las elecciones no implica haber perdido la razón; el arte se salvaguarda frente a quien no entiende que el experimento estético es un ámbito de excepción; desarrollamos una cierta tolerancia para al error de quienes están trabajando en las fronteras de la ciencia y la innovación; llegamos al convencimiento de que es mejor asegurar la libertad de expresión que otorgar a alguien el derecho de administrar la verdad...

Como se ha demostrado tantas veces, la gran revolución de la modernidad en materia moral surge cuando, en virtud de la imprenta, se generaliza la figura del lector individual y, con él, la de la conciencia que interpreta la escritura y las normas morales. La noción moderna de individuo explica el despliegue de toda una serie de fenómenos que particularizan: la responsabilidad, la conciencia, el sufragio, los derechos... Todo esto lo han estudiado muy bien Norbert Elias y Louis Dumont, entre otros, por lo que me ahorro dar mayores explicaciones ya que me interesa principalmente aquello que nos queda por hacer.

Quiero hablar de las tres revoluciones pendientes de la moral (si lo puedo expresar así, con aires más épicos que éticos): la desindividualización de la ética, la ética del conocimiento y la ética del desconocimiento, que darían lugar a tres campos en buena medida sin colonizar, la ética de los sistemas, la dimensión cognitiva de la ética y la ética de la complejidad.

a) La desindividualización de la ética o una ética de los sistemas

Lo primero de todo podría ponerse bajo el imperativo de la desindividualización de la ética. ¿Qué ética corresponde a los procesos cuando el sujeto del que partimos ya no es el lector privado, sino el que participa en las formas de inteligencia colectiva? No es sólo la idea aristotélica de que no se puede ser excelente fuera de la *polis*, sino que lo que nos hace buenos es la existencia de normas justas. Propongo pensar en una ética de los sistemas y las organizaciones de tal manera que no tengamos que esperar demasiado de las virtudes de las personas ni temer demasiado sus vicios. Una sociedad del conocimiento es aquella en la que podríamos prescindir de las personas inteligentes, pero no de los sistemas inteligentes. Lo decisivo es la organización de la inteligencia colectiva.

Desde esta perspectiva, seguir poniendo en el centro la ética de las personas (o su carencia) funciona como una distracción que nos impide entender la lógica de la acción colectiva, los incentivos en virtud de los cuales nos comportamos de una determinada manera. Podemos comprobarlo en dos discursos recurrentes: el elogio de la ejemplaridad y la indignación ante el escándalo. Sería conveniente que quienes nos representan fueran buenas personas, pero ese no es el tema. De entrada, la apelación a la ejemplaridad es incompatible con el principio democrático de que de los gobernantes esperamos que nos gobiernen, no que nos den ejemplo. Además, la democracia está para el ser humano corriente (e incluso para una república de demonios, según la ficción con la que Kant recomendaba diseñar los sistemas políticos). El otro caso de individualización que nos impide prestar la atención debida a la lógica de las organizaciones es la paradoja del escándalo, quiero decir, el hecho de que nos indignen más los detalles escabrosos que las estructuras deficientes que facilitan el mal. Lo peor de los escándalos es que individualizan y se olvidan las condiciones estructurales que los hicieron posibles. Incluso la corrupción privada es siempre y sobre todo un fallo colectivo, no únicamente personal, una conducta que sólo es posible allí donde falta trasparencia, vigilancia y control, incentivos y amenaza de castigos.

Como puede verse, defiendo una perspectiva más republicana que liberal. El bien común tiene más que ver con la ausencia de estructuras de dominación y con el compromiso público de su ciudadanía que con la no interferencia entre sujetos soberanos. Prefiero la perspectiva de los bienes comunes que la esperanza en la agregación de las buenas conductas personales. Lo virtuoso y lo vicioso son los contextos y no tanto las personas. Pensemos más en circunstancias que en gestas y entenderemos mejor por qué nos jugamos más en el modo como organizamos las condiciones de la vida colectiva que en el adoctrinamiento individual.

Si se me permite exagerar retóricamente esta contraposición, sostengo que no necesitamos buenas personas, sino buenos sistemas, es decir, procedimientos, reglas y protocolos (lo que incluye incentivos para que quienes los dirigen se comporten correctamente y disuadan del mal comportamiento). Estar gobernados por personas irreprochables moralmente no nos asegura en absoluto que vayamos a estar bien gobernados. No confundamos la moral con la competencia. Se puede ser moralmente irreprochable y políticamente incompetente. La ética no regula nuestras intenciones, sino nuestros actos, que generalmente tienen lugar en un plexo de interacciones con otros.

b) La ética del conocimiento: una reivindicación de la dimensión cognitiva de la ética

La perspectiva moral sobre la realidad, tan necesaria, cuando se convierte en la única mirada, resta importancia a lo cognitivo. El ser humano es más de errores que de maldades. Casi siempre que hacemos algo mal es más por ignorancia que por maldad. Si en un momento determinado comenzamos a considerar que la mayor parte de lo que llamábamos pecados no eran sino faltas o debilidades, si despenalizamos ciertas cosas, tal vez ahora deberíamos diagnosticar a muchas de ellas como equivocaciones. Muchas veces nuestra incapacidad no procede de la escasez de virtudes como del saber escaso, de la pobre iniciativa e imaginación, de la indecisión y la rutina, de la falta de conciencia ante las nuevas responsabilidades que llevan consigo los cambios sociales y culturales.

Insistimos mucho en el cambio de valores y ello nos hace olvidar que para abordar con éxito la solución de nuestros principales problemas necesitamos una gigantesca movilización cognitiva. No hace falta formularlo como una contraposición, pero si subrayo esta dimensión es porque me parece que el ruido de las exhortaciones morales nos dificulta prestar la necesaria atención a las dimensiones cognitivas de nuestra vida común, desde las organizaciones hasta el gobierno. Este cambio de perspectiva que propongo no es ninguna justificación cínica de cualquier comportamiento inaceptable, ni rebaja la seriedad de nuestros deberes; puede incluso resultar más exigente que una apelación a los valores, casi siempre inconcreta y subjetiva.

c) La ética del desconocimiento: responsabilidad en la interdependencia

Si la ética tuviera únicamente que ver con lo que conocemos, la mayoría de nuestras decisiones quedarían fuera de toda calificación moral porque la mayoría de nuestras decisiones las adoptamos en medio de incertidumbres, información insuficiente y riesgos poco visibles. ¿Se ha de quedar todo este espacio al margen de la ética? Esta es la razón por la que podría hablarse de una ética para el desconocimiento que ponderara nuestra responsabilidad en relación con lo imprevisto, el principio de precaución y la gestión de la complejidad. Esta reflexión es especialmente necesaria en la política, donde rige más bien una lógica consecuencialista y compleja, más de responsabilidad que de convicciones, por usar la contraposición de Max Weber.

En un mundo de crecientes interdependencias, donde se encadenan los efectos sinergéticos, las obligaciones pierden visibilidad y nitidez, al tiempo que aumenta también el número de consecuencias de las acciones que no resultan fáciles de imputar. Han cambiado las condiciones en las que se pensaba y ejercía la responsabilidad. El problema estriba en cómo representar esa responsabilidad en un momento en el que ha perdido evidencia la relación entre mi comportamiento individual (como prestamista, consumidor, accionista, votante o cliente) y los resultados globales.

¿Cómo pensamos la responsabilidad en un mundo de consecuencias secundarias? De entrada, profundizando en la idea de una desindividualización de la moral a la que antes he aludido. La habitual moralización del discurso público (la búsqueda de culpables, por ejemplo) trata de convertir los problemas opacos de responsabilidad en cuestiones personales. La personalización de la responsabilidad parte de un tipo de causalidad individual que no puede ser identificada con claridad en los procesos complejos. Como nadie puede hacerse responsable de ese modo, las cosas pueden continuar su curso irresponsablemente. No hay nada más favorecedor de la irresponsabilidad que un concepto de responsabilidad inutilizable. Frente a los riesgos ecológicos, económicos y tecnológicos, la responsabilidad por lo común requiere otro marco diferente de la mera apelación personal. Necesitamos un concepto ampliado de responsabilidad para una era de interrelación sistémica.

«No es nada personal», decían los gánsteres antes de proceder a la liquidación del adversario. Algo así podríamos afirmar ahora, pero no para matar, sino para situarnos correctamente ante la nueva magnitud de nuestros deberes. La moral que ha de regir la esfera pública ya no puede deducirse de las experiencias privadas que se adquieren en lo que podríamos llamar una moral de cercanías, el *holy watching* vecinal, en contextos de inmediatez, visibilidad y abarcabilidad de las consecuencias de la acción. Tenemos que ir a buscarla en lugares menos familiares y, siguiendo el consejo de Nietzsche, ampliar los deberes frente al prójimo con una ética de las cosas lejanas.

6

Epistemocracia: arrogantes y crédulos

Además del antagonismo entre derecha e izquierda, existen otros a los que deberíamos prestar más atención. Una de esas grandes confrontaciones es la que enfrenta a los arrogantes contra los crédulos, a quienes confían demasiado en el saber frente a quienes confían demasiado poco en él y se creen cualquier cosa. Una contraposición semejante se establece entre quienes no le ven ningún problema a las nuevas tecnologías y los que les ven demasiados. Cuando la batalla política se lleva a cabo en el territorio del conocimiento no tiene nada de extraño que aparezcan, además de las típicas disputas entre los expertos, un estrafalario rechazo al conocimiento en general, que adopta hoy formas muy diversas de escepticismo y credulidad, como la desinformación, el negacionismo o las teorías conspiratorias. Todo esto no sucedería si no se hubiera producido un fenómeno de epistemologización de lo político que tiene aspectos muy positivos y otros disfuncionales.

En esta que denominamos sociedad del conocimiento, el saber es el principal recurso para la innovación tecnológica y el crecimiento económico, pero también para la política. El cálculo racional, la cuantificación y el saber experto se han convertido en el medio más importante de legitimación. La epistemologización de la política resulta bastante lógica en momentos de especial incertidumbre y cuando hay tanto desprecio a la verdad. Nada parece mejor para combatir nuestro particular desconcierto que entender los conflictos políticos, primaria o exclusivamente, como asuntos epistémicos, es decir, como cuestiones de saber y competencia; dentro de este marco, los problemas de la democracia se interpretan como consecuencia de la ignorancia de la gente o de la incompetencia de los políticos (Brennan 2016). La cuestión central sería entonces determinar quién dispone del mejor saber o conocimiento experto, de las cifras más exactas, de la interpretación correcta de los datos, quién es más competente. Los problemas de una política sobrecargada o incapaz se resolverían delegando cada vez más asuntos en el gremio de los expertos. Los conflictos sociales se transforman en conflictos entre expertos de diverso signo y se resuelven en función de la fiabilidad de los datos que esgrimen. La disparidad en torno a valores e intereses se aparca o no se hace explícita porque se considera que el saber metódico y seguro es un recurso mayor de legitimación. Estaríamos así ante un tipo de racionalización de los conflictos que los convierte en divergencias de conocimiento. Parafraseando a una vieja tradición de teoría crítica podríamos decir que la crítica social ya no se dirige a las relaciones de producción, sino a las relaciones de saber.

La epistemocracia estaría guiada por la creencia de que muchos problemas sociales y políticos sólo se pueden resolver cuando se entienden como problemas de conocimiento. Este giro nos obliga a modificar algunas de las categorías con las que interpretamos el momento presente. El populismo, por ejemplo, tendría más versiones de lo que suponemos. Hay un populismo antitecnológico, que sospecha de la ciencia y desafecto frente a la representación, pero hay también un populismo epistémico, que consiste en profesar una fe ciega en que la política puede disolverse en los datos, las cifras, las evidencias científicas y el saber experto. La epistemocracia sería algo más abstracto que la expertocracia porque no se refiere al poder de un grupo de actores, sino de una idea, la de que las diferencias políticas se resuelven mediante el conocimiento. Esta tendencia refleja la nostalgia de una política sin intereses donde todo se resolviera con objetividad, evidencia científica y consenso de los expertos. La política ya no consistiría en organizar mayorías y forjar compromisos para resolver temporalmente divergencias de valores e intereses, sino en identificar quién sabe o es más competente.

Estaríamos de este modo ante una nueva versión del viejo sueño de racionalización de la política, su deseo de despojar a la política de lo político, es decir, de la gestión de intereses en conflicto, la toma de decisiones con un saber insuficiente y el esfuerzo por lograr compromisos sostenibles. La concentración en el saber nos distrae así de lo que constituye propiamente a los problemas políticos: valores, intereses e ideologías divergentes. Un planteamiento semejante tiene efectos despolitizadores; al objetivar un fenómeno, proporciona a las decisiones un aura de evidencia incontestable, y donde hay evidencia no hace falta deliberación democrática. Detrás de todo ello está la suposición de que hay un camino directo que va de la evidencia a la política correcta. Se trata de una creencia infundada, ya que nada nos garantiza que el mejor conocimiento conduzca a la mejor política. Es posible disponer de un buen saber experto y hacer una mala política, que los más inteligentes hagan una política muy desafortunada.

La epistemocracia se basa en la convicción de que las cuestiones políticas controvertidas tienen siempre una respuesta «correcta», que la política se mueve en el eje de lo verdadero y lo falso; introduce este par propio del saber o de la ciencia en el centro de la política dando a entender que el conocimiento proporciona siempre respuestas claras y superiores, en cuanto a claridad, a las disputas políticas. Pero esto es más bien excepcional; lo normal es que no haya una estrecha relación entre el problema político y la cuestión teórica correspondiente. Que buena parte de las decisiones políticas traten de justificarse apelando a evidencias no quiere decir que se disponga necesariamente de ellas. Y aunque hubiera un saber científico indiscutible, de la constatación científica de unos hechos no se deduce automáticamente una decisión política concreta.

La idea de sacar del debate político las cuestiones controvertidas en relación con valores da por sentado que se puede distinguir claramente entre ciencia y valores, así como que hay un consenso entre los expertos acerca de esos valores, ambas cosas muy cuestionables. Qué asuntos podemos delegar en los expertos es, a su vez, una cuestión política. Los temas controvertidos no pierden su carácter polémico cuando se traducen en términos de conocimiento; el liderazgo político no consiste en competencia. Quien apela a un saber superior para resolver una cuestión política está haciendo un tipo de política que desconoce o no quiere reconocer. Por muy necesario que sea el recurso al saber experto, quien no percibe las divergencias de valores e intereses detrás de nuestros conflictos sociales ni siquiera entenderá la naturaleza de los conflictos en torno al saber, ya que también en ellos hay a veces convicciones normativas que se reformulan en términos epistémicos.

La política no es algo que se resuelva con la objetividad, o sólo en una pequeña parte. La democracia es un régimen de opinión y no un conflicto de enunciados a la búsqueda de ratificación científica. «La democracia es gobierno por discusión porque es gobierno por opinión» (Urbinati 2014, 31). La democracia no tiene por objetivo alcanzar la verdad (aunque muchos ciudadanos así lo piensen y muchos políticos así lo digan), sino decidir con la contribución de toda la ciudadanía, sobre la base de que nadie –mayoría triunfante, élite privilegiada o pueblo incontaminado– tiene un acceso privilegiado a la objetividad que nos ahorre el largo camino de la discusión pública. En este sentido se puede entender por qué Rawls (1999, 579) decía que cierta concepción de la verdad (*the whole truth*) era incompatible con la ciudadanía democrática y el poder legítimo, por qué Hannah Arendt hablaba de una tensión o no coincidencia entre la verdad y la política. Al afirmar que «la verdad tiene un carácter despótico» (Arendt 2000, 555), no pretendía defender ninguna clase de relativismo, sino proteger el carácter contingente y libre de la política, cuyas decisiones deben ser informadas y respetuosas con la realidad, pero que no se deducen de esa realidad. La política debe atender al mejor conocimiento disponible, pero de ese saber no se sigue generalmente que la política deba actuar de una determinada manera.

Los avances del conocimiento no nos han hecho necesariamente unos fanáticos de la ciencia, sino más conscientes de su provisionalidad y limitaciones. Durante estos últimos años hemos asistido a una explosión del saber disponible, unos avances espectaculares cuyo momento culminante ha sido la rápida consecución de vacunas contra el coronavirus. La ciencia ha triunfado, pero también hemos asistido a una impotencia relativa de las disciplinas concernidas por la pandemia y al espectáculo de científicos divididos, inciertos e inconstantes en sus declaraciones. La pandemia ha revelado sus éxitos, pero también sus límites y su finitud. El progreso científico no es incompatible con la conciencia de su valor limitado y revisable, sino que más bien fomenta esa conciencia. El saber ha sido desacreditado en buena medida por los riesgos de las tecnologías, pero también hemos comprobado que no es tan robusto como habríamos deseado; a menudo se discute su validez, no siempre proporciona indicaciones claras acerca de lo que debe hacerse, cada nuevo conocimiento viene acompañado por su correspondiente ignorancia... Estamos acostumbrados a la contestación del saber dominante. La crítica a los expertos (apoyada con frecuencia en otro saber experto) es compatible con la admiración que sentimos por ellos, del mismo modo que quien se procura una segunda opinión en cuestiones médicas pone de manifiesto el valor que otorga a los diagnósticos.

¿Explicaría de algún modo este contexto epistemocrático el fenómeno, en apariencia contrario, de eso que llamamos genéricamente negacionismo? A mi juicio, sí; se trata de una reacción que revela un problema profundo de nuestra cultura política, la consecuencia más penosa de la epistemologización de la política. La resistencia frente a una colonización de la sociedad por parte de la ciencia tiene aspectos muy razonables (contestación a los expertos, precauciones frente a la tecnología...) y otras inquietantes que se recogen en la expresión *science denialism*. Este movimiento nos dice algo sobre la parte sombría de la sociedad del conocimiento. Las teorías de la conspiración y de los llamados «hechos alternativos» son virulentas precisamente allí donde datos, números y conocimiento experto juegan un papel dominante a la hora de decidir cuál es la política correcta.

En muchos sectores de la sociedad se ha asentado la idea de que la ciencia se ha ido convirtiendo en una institución que decide sin legitimidad sobre lo técnicamente factible, lo económicamente provechoso y lo políticamente conveniente. Por muy desproporcionado que resulte este rechazo, la crítica a los expertos debe ser entendida como una rebelión antiautoritaria. La rebelión de los negacionistas puede interpretarse como una reacción contra la colonización de la política por los expertos, con independencia de lo razonables que sus recomendaciones puedan ser en cada caso concreto. Todos aquellos grupos que no aceptan esa cientifización estarán tentados de justificar sus posiciones recurriendo a un saber esotérico, a hechos alternativos o teorías de la conspiración. Los negacionistas, pese a que no tienen razón, nos informan acerca de los riesgos que plantea la disolución de la política en una disputa en torno a la objetividad, a la que politizan, cuestionan la cientifización de la realidad, pese a que lo hagan de un modo completamente irracional. La proliferación de teorías de la conspiración y desinformación durante la crisis del coronavirus puede entenderse como reacción ideológica a una política dictada por la epidemiología y la virología de una manera que se hacía inatacable salvo llevándose por delante a toda la ciencia; lo que podrían haber sido unas protestas políticas se convirtieron en una demostración anticientífica; se trataba de la reacción contra una instancia supuestamente autorizada que pretendía dictar qué era real, racional y político. Desde la perspectiva de esa protesta, la emancipación política no podía ser otra cosa que emancipación respecto de la realidad científicamente definida. Los hechos alternativos se hacen valer cuando la política, aliada con la ciencia, se presenta como no teniendo alternativa. La política que se entiende sin alternativa provoca hechos alternativos.

¿Qué hacemos entonces con los negacionistas? La mejor manera de combatir al negacionismo no es tanto insistir en la verdad que niegan como repolitizar los conflictos y permitir una articulación entre los hechos y las decisiones que no sea vista como una imposición, sino como un ejercicio de libertad. Hay hechos objetivos, por supuesto, pero también existe la libertad política que se plasma en que esos hechos, salvo casos excepcionales, no nos obligan a someternos a una única política. Tan absurdo sería no tomar en consideración el saber científico disponible como dejar de explorar las opciones que ese saber permite. Presentar a la política como una constricción (justificada en un supuesto saber indiscutible, en la autoridad final de los expertos o apelando a un contexto que no permite otra cosa) tiene como consecuencia que quienes la contestan (a veces desde posiciones delirantes) aparezcan como los defensores de la libertad.

Por supuesto que es muy importante que las decisiones políticas estén bien informadas, pero eso es algo que se consigue con mayor circulación de conocimiento, pluralidad en los medios y una cultura de debate, no excluyendo a los considerados estúpidos. Además, no deberíamos juzgar de la misma manera a quienes propagan falsedades y a quienes se las creen; la credulidad de estos últimos se debe a que, por motivos muy diversos, razonables o extravagantes, han dejado de confiar en las autoridades oficiales, a quienes hacen responsables de su malestar.

Es lógico que en la constelación posfáctica la ciencia cuente con una gran autoridad, ya que buena parte de las disputas políticas se juegan en su terreno, pero exagerar su función en un régimen epistocrático puede no ser bueno ni para la ciencia ni para la política. Poner a la ciencia en su lugar es un reconocimiento y aprecio que impide su degradación en un mero instrumento del poder. La ciencia debe presentarse con la debida modestia y la política tiene que acertar a la hora de comunicar adecuadamente los riesgos que hemos de aprender a gestionar. Aunque puedan ser unos necios, quienes desprecian a la ciencia nos advierten de que tal vez no esté bien articulada con la política y la sociedad. Esta protesta es útil para la democracia en la medida en que nos recuerda que la disolución de los problemas políticos en problemas cognitivos deja esos problemas sin resolver.

A mi juicio, estamos demasiado preocupados por los efectos nocivos de la estupidez sobre la democracia y tendemos a añorar un pasado de certidumbre y confianza que realmente nunca existió. La ciencia ha sido siempre polémica y la democracia no ha dejado de estar acosada por la arrogancia de los que supuestamente saben y por la credulidad de los ignorantes. La democracia es un sistema político que soporta mucha más ignorancia de lo que suponemos; cuando está bien diseñada y es viva su cultura política, puede permitirse el lujo del ensayo y el error, llegando incluso a sobrevivir a la incompetencia de los representantes y a la irracionalidad de la gente.

7
Intelectuales, expertos y tertulianos

En las sociedades democráticas no sabemos muy bien qué es que lo que hay que saber ni quién sabe lo que hay que saber. Qué tipo de autoridad tiene el conocimiento, cuál es el conocimiento más relevante para las decisiones que hemos de adoptar y quién dispone de él son cuestiones controvertidas. Ni damos por hecho que esa superioridad cognitiva corresponde a quienes de hecho ejercen el poder, ni es evidente el grado de autoridad que tienen quienes forman parte del sistema científico cuando se trata de tomar decisiones que afectan a toda la sociedad. Sabemos que el saber es muy importante, pero eso no nos resuelve el problema de identificar qué saber es importante en cada caso y quién lo tiene.

Históricamente, y según los asuntos de que se tratara, hemos concedido esa autoridad a los intelectuales, a los expertos o a la ciudadanía de manera indiferenciada. Seguramente ninguna de estas figuras agota lo que hemos de saber y son más bien complementarias, pero de hecho tendemos a conceder la primacía a una de ellas según el modelo de democracia que tengamos y en virtud de las experiencias históricas por las que hemos pasado. Aceptando que algo de todas estas figuras queda en el modo como finalmente construimos la infraestructura cognitiva de nuestras democracias, voy a sostener que el intelectual es predemocrático (su elitismo ya no se corresponde con una sociedad de inteligencia distribuida), el experto es posdemocrático (representa el intento de sustituir la legitimación democrática por la autoridad epistémica) y el tertuliano es el más representativo del espíritu de la democracia en tanto que régimen de opinión (la fuente última de legitimidad es la ciudadanía, y este título no se debe a lo que sabe, sino al principio de soberanía popular).

Comencemos por el intelectual, que gozó de un prestigio indiscutible hasta la aparición de eso que Bernard Manin llamó «democracia de audiencia» (Manin 1998). Me refiero a ese personaje que parecía disponer de una visión de conjunto que le permitía hablar con autoridad de casi cualquier cosa y que se relacionaba verticalmente con una masa de seguidores fascinados. La figura del intelectual en la política ha palidecido por diversas razones, que tienen que ver con una pérdida de prestigio como consecuencia de sus errores, con las transformaciones de la sociedad y también con el avance y especialización de las ciencias, particularmente de las ciencias sociales. La división del trabajo y la especialización científica o la configuración de una sociedad de inteligencia distribuida no hacen innecesarias las visiones de conjunto, pero convierten en algo ridículo la superioridad del intelectual que pontifica sobre asuntos morales o políticos sin conocer los principales debates que han tenido lugar entre los científicos sociales en los últimos años acerca de, pongamos por ejemplo, el populismo, la identidad de las naciones, el futuro del capitalismo o la construcción europea. Tener una obra literaria o artística a sus espaldas no confiere a nadie una autoridad especial en cuestiones sobre las que existe un amplio y profundo debate en las ciencias humanas y sociales. Un intelectual puede dar su opinión sobre estos temas, por supuesto, pero no con la rotundidad que sólo puede permitirse quien ignora los avances que se han ido produciendo en el curso de estas discusiones científicas. En el mejor de los casos, el intelectual tiene una visión general de las cosas, lo que le obliga a una mayor modestia en un mundo lleno de expertos y con experiencias de vida muy diversas. El prestigio de los intelectuales funciona si son pocos y el saber es escaso, pero se horizontaliza y comparte cuando hay muchos que saben y con visiones de la realidad que no siempre coinciden y muchas veces contrapuestas.

No es que no nos hagan falta grandes síntesis intelectuales o visiones de conjunto; pero esas teorías serán poco útiles si no incluyen un reconocimiento de los propios puntos ciegos y más atención hacia lo que aportan otros saberes. En su encarnación clásica de la década de 1960, la figura del intelectual está lastrada por la falta de modestia, como puede comprobarse en su adicción a las afirmaciones rotundas, a un tipo de crítica que debe su radicalidad a la escasez de conocimiento empírico, su fascinación por la denuncia, el prejuicio antitecnológico, la carencia de cuestionamiento propio e ironía, la excesiva seriedad con la que se toma a sí mismo. Los intelectuales reconocen en su obsesión por el gran singular (el sistema, el capitalismo, el poder, el nacionalismo, el populismo...) ese «gran rechazo» al que se refería Michel Foucault, como si no hubiera versiones, variantes y matices, pero sobre todo como si estar en contra de algo caracterizado groseramente como negativo le pusiera a uno en el lado correcto de la historia.

El prestigio del intelectual ha sobrevivido a sus errores, pero su superioridad moral no brilla como entonces. Podemos seguir admirando su capacidad de síntesis, aunque ahora sabemos que unas veces es clarividencia y otras un desprecio arrogante hacia los datos. Que no pocos intelectuales fueran más profetas que demócratas, que parecieran desconocer el sufrimiento de las personas en regímenes que les fascinaban, todo eso se explica en buena parte por su elitismo y desatención hacia las experiencias personales de la gente, tantas veces invisibles desde la pura teoría. El intelectual tiene ahora una relación menos vertical con la sociedad, que no es una masa de incompetentes desinformados, y comparte autoridad con un gran número de especialistas de todo tipo que le aventajan en conocimiento experto, tan relevante para el mundo complejo en el que vivimos.

El heredero natural del intelectual es el experto o, mejor, los expertos, que generalmente se presentan en plural cuando la sociedad diversifica sus fuentes de conocimiento, lo que constituye un avance democrático: confiar en los expertos es más democrático que reverenciar al intelectual. Pero su principal virtud (ser muchos) constituye su mayor debilidad porque la autoridad con la que representan un saber se ve matizada por el hecho de que son muchos, que hay expertos para casi cualquier cosa, los hay del gobierno y de la oposición, de disciplinas que no tienen la misma perspectiva sobre la realidad. Si durante la crisis económica no hubo manera de poner de acuerdo a los economistas de derechas y a los de izquierdas, en medio de una pandemia tampoco parece fácil reconciliar las prioridades de un medioambientalista con las de un experto financiero o, lo que es más chocante, dentro del sistema sanitario, no coinciden la visión de un epidemiólogo con la de un psiquiatra: su mentalidad está configurada de tal manera que dan preponderancia a un valor concreto y tienden a desentenderse de todo lo demás.

Vivimos en una sociedad que reconoce la autoridad a los expertos a condición de que compitan entre sí. Hay una especie de división del trabajo y del poder en materia de experiencia (*expertise*). Por eso carece de sentido hablar de una tiranía de los expertos (como denuncia alguno de los intelectuales destituidos) cuando sus opiniones no coinciden ni concluyen en un saber incontestable. Confiamos en ellos, por supuesto, pero de manera provisional y en concurrencia competitiva. Es muy difícil fiarse ciegamente del saber científico experto cuando hay una peculiar «cacofonía de los expertos» y cada informe tiene el correspondiente contrainforme. En la opinión pública no sólo compite la opinión de los expertos con la de quienes no lo son, sino que los mismos expertos están muchas veces en desacuerdo.

Además, conviene no perder de vista el hecho de que la formación y el saber experto tienen sus riesgos específicos, precisamente aquellos que proceden de su propia seguridad. En ocasiones, disponer de mucho conocimiento le hace a uno más proclive a ciertos sesgos de especialista, como la pérdida de visión de conjunto o la autosuficiencia. Por consiguiente, tampoco los expertos están libres de toda perplejidad, de lo que fue una buena muestra el desprestigio de los economistas cuando fueron incapaces de detectar las primeras alarmas y aconsejar con ocasión de la crisis económica sin producir mayores destrozos sociales, como tampoco los epidemiólogos han advertido con suficiente autoridad la llegada de la pandemia ni han asesorado sin errores sobre su gestión. La idea de una ciencia y una técnica como instancias neutrales está en buena medida desacreditada, dado que sus innovaciones tienen efectos que obligan a determinadas intervenciones políticas, a veces en medio de escándalos y catástrofes. Si muchas veces la política recurre a la ciencia en busca de ayuda, no son pocas las ocasiones en las que la política viene a remediar errores científicos y tecnológicos.

De este modo, podemos concluir que, si bien la delegación en los expertos es razonable cuando nos enfrentamos a problemas de especial complejidad, la ciudadanía no está nunca exonerada de la función de observación y control. El círculo de aquellos que pueden y deben valorar la calidad y oportunidad del saber científico para la resolución de determinados problemas es más amplio que el de los expertos de la correspondiente disciplina.

El sistema político en una democracia no tiene más remedio que observar y controlar críticamente a sus expertos.

Con el ocaso de los intelectuales, y una vez constatadas las limitaciones de los expertos, parece que ese puesto vacante lo ocupan hoy los tertulianos. Cuando oímos esta palabra tal vez nos vengan a la cabeza sus peores representaciones: quienes hablan de todo sin saber de nada, que interrumpen e insultan, que prefieren el espectáculo a la argumentación. Evidentemente, no estoy elogiando a los peores ejemplares de la especie, sino a lo que significa que una democracia se entienda como una discusión entre personas que opinan y no tanto entre quienes supuestamente saben, como un debate entre iguales y no como un discurso elitista. Mientras que la autoridad intelectual o el saber experto nos desiguala, en tanto que personas que opinan somos más iguales.

Pensemos en las propiedades de esta figura: alguien que opina sin poderse permitir el lujo de haber estudiado a fondo el tema en cuestión y, sobre todo, que lo hace en un contexto de pluralidad y debate abierto. Esto es lo que mejor simboliza a la humanidad actual en su combate contra la inevitable ignorancia en la que nos sitúan los graves problemas que tenemos y que nos convierten a todos en ignorantes. Tenemos que aprender a opinar y tomar decisiones con una información incompleta y con un saber contestado y provisional, con una autoridad cuestionada. Dadas las condiciones del mundo actual y su complejidad, todos tenemos la experiencia de ser en la práctica unos inexpertos y de que, en última instancia, tomamos las decisiones sin la suficiente preparación. El problema no es que la ciudadanía sepa muy poco, sino que nadie sabe lo suficiente.

La figura del intelectual y del experto valían para sociedades verticalmente organizadas, jerárquicas, pero su autoridad se debilita, a mi juicio afortunadamente, en sociedades más horizontales, de inteligencia distribuida, donde el poder ya no tiene enfrente a una masa de ignorantes. Ni unos ni otros disponen del monopolio de la producción del conocimiento; en todo caso, en una sociedad poblada de voces y ruido pueden aspirar a servir de criterio para orientarnos, un criterio a veces muy cualificado, a condición de que el intelectual no se considere con ninguna autoridad especial y el experto admita que su saber es falible y contestado. Unos y otros son voces –muy dignas de consideración pero no únicas– a la hora de realizar decisiones colectivas. Junto a ellas, la figura del tertuliano nos recuerda que la democracia es una discusión entre personas que opinan, con distinto grado de cualificación, por supuesto, y no un lugar donde el común de los mortales obedece a unos clarividentes o asiste al debate entre unos pocos declarados competentes.

II

INFRAESTRUCTURAS DE LA INTELIGENCIA COLECTIVA

8

Ciudades culturalmente inteligentes

Cuando se habla de progreso, de sociedades del conocimiento o de ciudades inteligentes, lo primero que viene a la cabeza es el imaginario tecnológico-digital: dispositivos tecnológicos como sensores, plataformas de gestión de servicios, el internet de las cosas, sistemas para la adquisición y almacenamiento de datos, la gestión de los transportes... Es decir, pensamos en términos de infraestructura material y muy poco en relación con lo que podríamos llamar infraestructura simbólica. Hay una especie de obsesión *high-tech* en todas las políticas de innovación que tiene su lógica: las nuevas tecnologías son más visibles que las reformas institucionales; el éxito económico es más calculable que la cohesión social; las innovaciones sociales apenas se pueden patentar o vender.

A mi juicio, esta manera de entender la sociedad obedece a una confusión –o mejor, a un conjunto de confusiones–, refleja un desequilibrio en la configuración de nuestras sociedades e implica una concepción reduccionista de la tecnología. De entrada, es una confusión que obedece a la tan extendida confianza en que las innovaciones técnico-económicas nos vayan a asegurar la mejora de las condiciones de vida en toda su amplitud. Desde la derecha hasta la izquierda, todo el espectro ideológico está abducido por esa irresistible tendencia a esperar que las soluciones técnicas arreglen los problemas políticos (desde quien, por la derecha, confía toda la legitimación democrática a la recuperación económica hasta quien, en el imaginario político de lo que podríamos llamar la izquierda digital, aguarda esa revitalización de la democracia como un efecto necesario de internet y el espacio sin mediaciones de las redes sociales).

Esta confusión está en el origen de otras muchas en virtud de las cuales «inteligente» equivale a tecnológicamente desarrollado o energéticamente sostenible, y una ciudad es inteligente (*smart*) cuando aplica las TIC al gobierno o en la prestación de servicios, el comercio, la movilidad y la gestión de residuos, cuando hay wifi en cada vez más sitios. ¿Hacemos así justicia a toda la amplitud del concepto de inteligencia cuando lo aplicamos a formas de organización humanas como la ciudad, el gobierno o la sociedad en su conjunto?

Pienso que el estrechamiento tecnológico de la inteligencia está en el origen de otras muchas equivocaciones, como las de confundir la calidad con el impacto, el rendimiento con la aportación, la autoridad con la fama, la conectividad con la comunicación, el desarrollo con el crecimiento, lo nuevo con lo transgresor, las mejores prácticas con las rutinas más extendidas... Y empiezo a pensar que eso de los *Big data* se corresponde con la ilusión de que el examen de las correlaciones de datos nos permitiría renunciar a las teorías, de manera que cabría asegurar: grandes datos, teorías pequeñas.

Dar por sentado el valor de la utilidad tecnológica y minusvalorar la aportación de la cultura nos conduce a una sociedad descompensada. Se instala así un desequilibrio entre la euforia tecnocientífica y el analfabetismo de los valores cívicos. Podríamos denominar a esta situación como monstruosa porque un monstruo es alguien que ha desarrollado mucho una de sus dimensiones mientras que otras se atrofian, dando lugar así a la falta de armonía de todo lo que es unilateral y deforme. No habrá verdadero desarrollo humano ni sociedades maduras mientras no corrijamos ese modo de pensar que desprecia los saberes menos exactos, como los intuitivos, interpretativos, creativos o artísticos, que no se traducen en aparatos tecnológicos, en una rentabilidad inmediata o en evidencias indiscutibles.

El éxtasis tecnológico suele ir unido a una visión determinista y reduccionista de la tecnología, a la que no considera un fenómeno social y cultural, de manera que los dispositivos técnicos predeterminarán su uso sin permitir que cada sociedad se apropie de ellos de acuerdo con su propia idiosincrasia y patrones culturales. La historia de la tecnología desmiente este determinismo, para lo que el ejemplo más célebre es el teléfono, que Graham Bell había ideado para transmitir música o, por citar otro caso más reciente, cómo internet puede ser tanto un instrumento que amplía nuestra libertad como el medio para que nos espíen hasta unos límites insospechados. Otro ejemplo que ilustra dicho reduccionismo es que hayamos concebido la brecha digital como desigualdad en el acceso y no por el uso que hacen las personas de estas posibilidades abiertas por la tecnología digital.

Ya en 1944 Karl Polanyi defendía la tesis de que la industrialización y el crecimiento fueron impulsados menos por las tecnologías basadas en el capital que por las ciencias de la organización, es decir, que los principales impulsos de la revolución industrial fueron descubrimientos en el ámbito sociológico, no invenciones técnicas (Polanyi 1944). Frente a la reducción de lo técnico al artefacto singular debemos subrayar su inserción en unas prácticas sociales. No es tanto el potencial mismo de la técnica como los aspectos culturales y sociales los que deciden cómo irrumpe lo nuevo en el mundo.

Si llamo la atención sobre el reduccionismo determinista no lo hago por falta de aprecio hacia la tecnología, sino todo lo contrario: porque considero que de esta manera no se hace justicia al fenómeno completo de la tecnología, que no sólo consiste en artefactos, sino en usos sociales y disposiciones culturales dentro de los cuales las innovaciones técnicas se ponen al servicio de ciertos valores. Hemos reducido la revolución digital a una mera inversión en tecnología, del mismo modo que habíamos degradado la sociedad de la comunicación a sociedad de la información, entendida como una sociedad de las máquinas de búsqueda y almacenamiento de datos, como si el aspecto de la interpretación fuera irrelevante. Por supuesto que hemos de aumentar la calidad de vida de la gente a través de la tecnología, pero en última instancia esto no se puede conseguir sin un concepto inclusivo de inteligencia, de desarrollo, innovación y competitividad.

Hoy podemos constatar el agotamiento de esta manera estrecha de pensar el desarrollo humano. Lo prueba el hecho de que haya aumentado la significación de los componentes sociales y culturales o «factores blandos» de la innovación y la competitividad territorial, como la cualificación, la comunicación o los estilos de comportamiento. Se va poniendo de manifiesto la importancia de esos factores de competitividad que son los *non-market linkages* (redes, confianza, capital social, etc.). Los «factores blandos» de la competitividad dejan de ser considerados algo accidental o secundario, restos de la racionalidad económica entendida a la manera neoclásica. Mientras que los análisis tradicionales acerca del desarrollo regional estaban casi exclusivamente focalizados en la industria, los *clusters* y las empresas, la idea de los «entornos de conocimiento» nos invita a dirigir cada vez más nuestra atención hacia los factores culturales de la vida social y la significación cualitativa de las estructuras sociales en los procesos económicos. Nos estamos dando cuenta de que muchos elementos no mercantiles se encuentran en el núcleo del desarrollo económico de los territorios.

En la era industrial, el punto de vista típico era que los lugares crecían o bien porque estaban situados en las rutas de transporte o bien porque estaban junto a recursos naturales que animaban a las empresas a implantarse en ellos. Hoy sabemos, en cambio, que la clave del crecimiento no es la reducción de costes, sino disponer de personas muy educadas y creativas. Hay que pasar del bajo coste a la alta creatividad. En la economía del conocimiento el potencial creativo es un elemento fundamental para el crecimiento y el éxito de las ciudades y los territorios.

Frente a las expectativas de progreso colectivo centradas en el desarrollo de un conocimiento entendido a partir del modelo de la exactitud científica y la practicidad tecnológica, deberíamos advertir que lo que verdaderamente nos importa no son tanto los datos y las informaciones como su sentido, es decir, cómo debemos interpretarlos, qué es lo deseable, justo, legítimo o conveniente. Por decirlo de otra manera: por encima de la infraestructura material de la sociedad del conocimiento hay toda una superestructura simbólica en donde se juegan las verdaderas cuestiones de la existencia individual y colectiva.

De este modo llegamos a la cuestión decisiva que se interroga por el valor de la cultura en relación con el desarrollo armónico de los seres humanos y las sociedades democráticas. ¿Qué sentido tiene la cultura si es verdad aquello que decía el filósofo alemán Hans Blumenberg de que en todo elemento cultural –en el más modesto adorno– hay algo así como un momento de economía interrumpida? ¿Qué razón explica que los seres humanos, presionados desde siempre por las urgencias de la supervivencia, no hayan renunciado a esta aparente suspensión de la utilidad? Mi respuesta sería: porque no es nada inútil.

La cultura es un ámbito de reflexión, interpretación y autocomprensión. Una sociedad no avanza verdaderamente sin un espacio reflexivo y crítico en el que discutir las interpretaciones posibles acerca de sí misma. En las diversas expresiones culturales los seres humanos no hacemos otra cosa que proponer interpretaciones de lo que somos e ideamos futuros a los que temer o aspirar, en una dimensión que tiene que ver con el sentido que damos a cuanto nos pasa y no tanto con la constatación de hechos o la gestión de objetividades. Las leyes de divorcio no pueden modificar el destino de Agamenón, ni la psiquiatría es una respuesta al drama de Edipo; los problemas de Fausto no los puede arreglar el Fondo Monetario Internacional, ni una agencia de viajes los de Ulises o el holandés errante; sería una torpeza creer que el destino de Lear se resolvería estableciendo asilos de ancianos; el dilema que atormenta a Antígona y Creonte es tan profundo que no puede solucionarlo ninguna reforma de los ritos funerarios. En ninguno de estos relatos se contienen las recetas para solucionar los graves problemas que padecen sus personajes; pero no encontraremos una solución verdaderamente humana a esas penalidades si no las hemos comprendido bien, para lo cual no hay mejor exploración que las obras maestras de la literatura.

Por eso la cultura es tan insistente en los mismos temas, tan poco resolutiva, más generadora de incertidumbres que suministradora de soluciones. Se trata de un espacio en el que las artes y las letras se dedican no tanto a exhibir su competencia como a cultivar una serie de asuntos sobre los cuales los seres humanos no somos nunca plenamente competentes, una especie de repositorio de grandes cuestiones irresueltas, que nos muestran el abismo de nuestro desconocimiento: el sentido de la vida, el alcance de nuestra libertad, el misterio de la belleza, el valor de la justicia, la naturaleza del tiempo, nuestra condición mortal, los deberes de la ciudadanía, la posibilidad de algo que nos trascienda... Son temas que los humanos nos hemos planteado siempre y que nunca podemos dar por definitivamente solucionados, cuya supresión como asuntos sin importancia o superados nos arrojaría en esa ignorancia del orgullo que es la peor forma de estupidez.

¿Hasta qué punto es importante el sentido que damos a las cosas, nuestra manera de interpretar los acontecimientos o la transformación de las informaciones en juicio propio y qué tiene que ver la cultura con todo esto? Examinémoslo a partir de un provocativo experimento mental. Jugando a profetizar, Ray Kurzweil aseguraba que en el año 2048 nuestro buzón recibirá un millón de correos electrónicos cada día, pero un asistente virtual los gestionará sin que tengamos que preocuparnos. Sería incluso posible que unos nanorreceptores-transmisores conectaran directamente nuestras sinapsis con unas supermáquinas que nos harían capaces de pensar un millón de veces más rápido. El problema es qué querrá decir «pensar» en tales condiciones. Contra la reducción de la inteligencia a una lectura de datos o a la aceptación de formas predefinidas, es necesario subrayar que el saber requiere libre acceso a la información pero también capacidad de eliminar el «ruido» de lo insignificante. Más que almacenar, lo decisivo es interpretar la información. El problema no es la disponibilidad, sino la valoración de la información (su grado de fiabilidad, pertinencia, significación, el uso que de ella puede hacerse).

En el origen de nuestros principales fracasos colectivos hay una manera de pensar que entiende el conocimiento como la consecución de exactitud, la comunicación como transmisión estandarizada de informaciones y la organización política de la sociedad como una gestión de objetividades. Ahora bien, si pensamos en casos como la crisis económica provocada en buena medida por la matematización de la economía o en los desequilibrios ecológicos que implican ciertas tecnologías, lo que tenemos es un cuadro muy contrario: las pretensiones de exactitud o el desarrollo irreflexivo han dado lugar a decisiones irracionales y sólo las culturas de interpretación (esos entornos críticos en los que se interroga por la inserción social de las tecnologías, se discuten sus aplicaciones sociales, se hacen valer criterios éticos y políticos) han conseguido corregir su inexactitud social.

Si concebimos nuestras sociedades democráticas como sociedades que se interpretan a sí mismas, entonces tenemos mayores posibilidades de escapar del paradigma dominante que entiende la sociedad del conocimiento como el encuentro vertical entre los expertos y las masas. La sociedad es la puesta en común, frágil y conflictiva, de nuestras interpretaciones, algo más democratizador que la sumisión a unos datos supuestamente objetivos. El cultivo de la interpretación es la más importante aportación de la cultura a las sociedades democráticas. No es difícil entenderlo si tenemos en cuenta que todos los sedicentes realistas han apelado siempre a los datos para impedir la exploración de las posibilidades. Pero sabemos que esto no es sino una forma sutil de poder que consiste en insistir en los datos sin cuestionar las prácticas hegemónicas a partir de las cuales se obtienen precisamente esos datos y no otros. Esa dimensión crítica de la interpretación la hemos aprendido en el cultivo de eso que llamamos humanidades, que son, por cierto, la mejor educación para la ciudadanía.

¿Qué significa en este contexto apostar por la cultura y fomentar entornos en los que pueda desarrollarse esta forma de creatividad que caracteriza a las artes y las letras, así como a los saberes humanísticos?

Favorecer la cultura equivale a facilitar un ámbito de imprevisibilidad. Las creaciones más interesantes de la humanidad no han sido el resultado de una planificación, sino emergencias improbables en un ambiente propicio, de diversidad, escaso control, apertura al largo plazo y paciencia. No hay estrategias que aseguren la creatividad. Por eso conviene no olvidar las limitaciones de las políticas culturales, como si fueran fórmulas mágicas automáticas. No faltan ejemplos de pequeños y grandes fracasos en el fomento de la creatividad. La difusión del modelo creativo ha llevado con frecuencia a que todos los territorios hagan lo mismo y jueguen con las mismas cartas. Por otro lado, la construcción de infraestructuras culturales no garantiza sin más la dinamización cultural e incluso ocurre con frecuencia que la creación cultural huya de esos sectores culturales formateados y planificados. Esta realidad invita a gobernantes y urbanistas a la modestia, ya que la creatividad ni se planifica ni se programa. La creatividad, sea artística, social, tecnológica, científica o urbana, surge más bien allí donde no se la esperaba, aunque este carácter emergente no nos exime de trabajar para establecer las condiciones de su improbable aparición.

9
Las bibliotecas y el oficio bibliotecario

Las sociedades democráticas nos jugamos nuestro futuro en el modo como seamos capaces de promover el saber, organizarlo y ponerlo a disposición de las personas y de las decisiones colectivas. Por eso la estimación pública de las instituciones del conocimiento y sus oficios correspondientes dice mucho acerca de nuestros valores y nuestras aspiraciones. No porque sea más noble una biblioteca que un campo de fútbol o porque una profesora merezca un sueldo mayor que un constructor, sino porque en el conocimiento se contienen las respuestas más decisivas a nuestros principales desafíos.

Las bibliotecas y sus oficios correspondientes son instrumentos de esa gestión del conocimiento que se materializa en edificios y profesiones. ¿Qué podemos esperar de ellos y cuál es el futuro que les aguarda en la sociedad contemporánea? Es una cuestión que en el fondo nos remite a la pregunta acerca de cómo se organiza el saber en eso que, tal vez con un exceso de pompa, llamamos sociedades del conocimiento.

La primera dificultad para contestar a esta pregunta procede del hecho de que nos estamos refiriendo a una institución viva y que, por tanto, la biblioteca puede alterar su función con el paso del tiempo al igual que puede cambiar lo que los demás le exigimos. Las bibliotecas son unas instituciones tan antiguas que han visto nacer y sucumbir civilizaciones, han sobrevivido a profundos cambios sociales y culturales, por lo que no tiene nada de extraño que de vez en cuando sufran una cierta crisis de identidad. Han sido de todo, tal vez demasiadas cosas en un espacio de tiempo relativamente pequeño: templos, museos, almacenes, gabinetes de curiosidades, lugares de estudio, colecciones, instrumentos de construcción nacional y ahora parecen simples nodos de una red ilimitada... El hecho de que las bibliotecas, en virtud de las nuevas tecnologías, no sean simplemente lugares donde se guardan libros y revistas, sino instituciones en las que se gestiona información, ha llevado a algunos a declarar su final, la muerte de la biblioteca, cuando tal vez lo que habría que decir es que se trata más bien de una transformación destinada a garantizar su supervivencia, lo que indudablemente implica una redefinición de su tarea.

Si pretendemos adivinar el futuro de una institución como la biblioteca puede que lo más útil sea preguntarnos por su función, la que ha ejercido y la que está llamada a desempeñar en adelante, de acuerdo con el tipo de sociedad a la que sirve. Contando con la benevolencia del lector ante la simplificación que ahora propongo (en beneficio de hacernos una visión de conjunto y no perdernos en los detalles), podríamos decir que ha habido tres inquietudes fundamentales en relación con la cultura escrita: la pérdida, la corrupción y el exceso, que en el fondo se reducen a dos estrategias básicas. Las dos primeras inquietudes han suscitado una serie de tareas para *defender a los libros*, mientras que la tercera nos impulsa a *defendernos de los libros*.

Las bibliotecas han tenido como objetivo fundamental la protección de los libros (y en buena parte no han dejado de tenerlo). En este ámbito, la primera amenaza que se cierne sobre los libros es la de la pérdida. Esta preocupación ha dirigido la búsqueda de textos amenazados, la copia de los libros más preciosos, la impresión de los manuscritos, la edificación de las grandes bibliotecas, el aumento de sus fondos. Se trataba de guardar, fijar y preservar los libros contra su posible desaparición. De este modo, las bibliotecas continúan aquel deseo de fijación que marca el tránsito de las culturas orales a las culturas escritas. Las bibliotecas introducen los escritos en un espacio que permite salvarlos de una intemperie devastadora. Con esta operación se dotaba a los libros del estatuto de lo que no merecía morir, aproximándolos cuanto fuera posible a la inmortalidad. De ahí que las bibliotecas hayan sido a menudo asimiladas a santuarios o –en una versión más cruel, vistas las cosas desde la alegría de la vida perecedera– a los cementerios. Virginia Woolf las definía como un lugar «donde los muertos están vivos y los mudos hablan» (Woolf 1972) porque, en última instancia, hay en ellas un intercambio de vida y de muerte: la vida afuera es oralidad, cultura en movimiento y posibilidad de morir; en realidad, el texto que se asegura la inmortalidad en una biblioteca ha dejado de vivir.

Forma parte de la obligación general de proteger los libros la de garantizar su conservación con el paso del tiempo. Por eso las bibliotecas no sólo son lugares en los que se guardan sin más los libros, sino el escenario de un combate contra su posible corrupción. Los libros son un bien particularmente frágil. La luz, la sequedad, la humedad, los insectos, los robos, los incendios (intencionados o no), las guerras, cualquier cosa puede provocar el deterioro e incluso la desaparición de lo que la humanidad había guardado.

Pero los libros son también algo frente a lo que paradójicamente debemos protegernos. ¿En qué sentido? Preservar el patrimonio escrito de la pérdida o de la corrupción suscita igualmente otra inquietud: la del exceso. La proliferación textual puede convertirse en un obstáculo para el conocimiento. Desde Alejandría, el sueño de la biblioteca universal se ha instalado en la imaginación de los seres humanos, pero desde hace tiempo ese sueño parece más bien una pesadilla; la accesibilidad no sólo no nos hace el mundo más inteligible, sino que frecuentemente bloquea nuestra limitada capacidad. En la imagen de la biblioteca como laberinto (Jorge Luis Borges, Umberto Eco) se simboliza la inquietud que se apodera del lector, su desorientación y la conciencia angustiada del tiempo. La bibliomanía del que quiere únicamente poseer libros es posible porque el afán de acumular es, en principio, ilimitado, pero leerlo todo escapa de nuestras posibilidades reales. Como el general Stumm –el personaje de *El hombre sin atributos* de Robert Musil– uno puede calcular el tiempo que necesitaría para leer todos esos libros y desanimarse profundamente. Tras el afán del coleccionista indiscriminado, ahora comparece la pequeñez del ser humano que se enfrenta a lo monstruoso. Nadie ha llamado la atención mejor que Borges sobre las paradojas de la pretensión de totalidad (en *La biblioteca de Babel*) o sobre esta desproporción entre el lector y los infinitos libros de la biblioteca: «el hombre que quisiera agotarla perdería la razón» (*Alejandría*).

Como documenta Roger Chartier (1994), el tema de la crisis del libro vinculada a la superproducción aparece ya después de la segunda revolución industrial del libro en el siglo XIX, en los años 1860-1870, cuando se abandona la composición manual de Gutenberg para pasar a la monotipia y luego a la linotipia. Este cambio tecnológico vino acompañado por el aumento de las tiradas, el crecimiento de la producción impresa, así como la multiplicación de periódicos y revistas. La primera revolución de la industrialización del libro, la de los años 1820-1830, no había tenido tales efectos. Las tiradas no conocieron un fuerte crecimiento hasta 1860. Anteriormente, las tiradas habían ido creciendo, pero dentro de unas determinas proporciones. Pero fue entre los años 1910 y 1914 cuando apareció propiamente el tema de una crisis ligada a la superproducción. A partir de ese momento comenzamos a pensar seriamente que demasiados libros pueden ser peligrosos o inútiles para la constitución misma del saber, que supone elección y síntesis.

La reducción de lo monstruoso puede ser *material* u *orientativa*. La primera consiste en la eliminación física de los libros (o en su almacenamiento en lugares de menor accesibilidad). Diariamente se aniquilan libros en una proporción mayor que las legendarias destrucciones de bibliotecas célebres, desde Alejandría a Sarajevo, pero esta vez sin asomo de maldad. Cualquier biblioteca que esté viva termina por enfrentarse a la incómoda cuestión de qué hacer con ese elevado porcentaje de libros que no son leídos o de revistas que nadie va a consultar y que ocupan espacio. La presencia de la escritura en la sociedad contemporánea es tal que sobrepasa la capacidad de conservación incluso para la mayor biblioteca del mundo, la del Congreso de Estados Unidos, que escoge y envía a otras bibliotecas los materiales que no puede aceptar. Cualquiera de nosotros tiene experiencia de algo similar en la gestión de nuestras bibliotecas domésticas. Si trasladamos esta modesta experiencia a la dimensión de la producción impresa, es evidente la necesidad absoluta de escoger para la organización y el gobierno de ese universo creciente de datos, información y libros.

Hay otro tipo de combate contra el exceso que podríamos llamar reducción orientativa y que consiste en la elaboración de instrumentos capaces de seleccionar, ordenar, clasificar, jerarquizar, orientar. La inteligencia es menos acumulativa que discriminativa; consiste en desarrollar filtros para la tarea ecológica de procesar la información, cuyo espesor amenaza con provocar una entropía cognitiva. A la pregunta ¿qué queda?, la respuesta es casi siempre: demasiado. Los museos, archivos y bibliotecas son hoy lugares de una peculiar ecología cultural: su función es menos salvar la cultura de su destrucción cuanto más bien realizar una elección significativa a partir de la cantidad de basura cultural acumulada.

Del mismo modo que un buen lector es alguien que limita el número de libros que posee o lee, un bibliotecario es alguien que quita las malas hierbas de su biblioteca y un archivero es alguien que selecciona lo que hay que tirar antes de guardar. Al final va a resultar que no era tan irracional la conducta de aquel personaje de la novela de ciencia-ficción de Jean-Claude Dunyach (2013). El lugar en la saturada biblioteca mundial es tan limitado que el responsable está encargado de no conservar más que los textos que aportan una idea original. Tritura lo inútil y aterroriza a los autores para disuadirles de escribir. Como en la ficción, también en la realidad los escritores son individuos peligrosos.

¿Qué podemos concluir de todo esto en relación con el futuro de las bibliotecas?

En virtud de internet, la biblioteca universal resulta pensable sin que todos los libros hayan de estar reunidos en un solo lugar. Por primera vez en la historia de la humanidad, la contradicción entre el mundo cerrado de las colecciones y el universo infinito de la escritura pierde su carácter ineluctable. El lugar del texto y el del lector pueden ser diferentes. La biblioteca del futuro será, ya lo es, en buena medida digital, multimedial, nudos de accesibilidad a bases de datos, servidores de conexión universal, pero no parece que vaya a disolverse en la pura virtualidad; seguirá habiendo libros y lugares para leerlos. Con esto no expreso ni un deseo ni una nostalgia. Hay en ello también una razón de «economía» de la búsqueda. Nuestras clásicas bibliotecas materiales no se disolverán en la biblioteca virtual universal por una razón de economía, pero no de dinero, sino de atención y tiempo. La inmaterialidad y fluidez de la información digital no exige espacio físico, pero reclama tiempo. Las bibliotecas y los lectores se han enfrentado siempre a las limitaciones del espacio, a la dificultad de hacer un lugar para todo lo que parece digno de ser conservado; en el universo digital el límite más obstinado tiene que ver con el tiempo, concretamente con el que podemos emplear para leer lo que merece ser leído, un tiempo limitado que nos sigue obligando a seleccionar y a que haya mecanismos, instituciones y profesionales que nos faciliten esa selección. Esta será la tarea fundamental de las bibliotecas y sus profesionales del futuro.

La idea de que la biblioteca clásica va a disolverse completamente en la virtual presupone que podemos navegar por el universo de datos sobre una pantalla sin que nos asalte la inquietud acerca de si hemos encontrado todo lo relevante o falta algo. El universo digital es un medio extraordinario donde se *encuentran* demasiadas cosas y nos ayuda muy poco a la hora de determinar qué es lo que deberíamos propiamente *buscar*. Cualquiera es capaz de encontrar; lo difícil es buscar. La biblioteca convencional tenía al menos una modesta solución para este problema: de la manera más sencilla posible situar cada libro en un lugar y conforme a un orden sistemático. En el mundo de las posibilidades infinitas sigue habiendo limitaciones de diverso tipo y por eso se necesitan lugares en los que la literatura más utilizada (con todo lo controvertido que esto pueda resultar) sea fácilmente disponible en forma de libro.

Lo virtual es también lo inencontrable, las aterradoras posibilidades infinitas. Recordemos que eran las sirenas las que prometían en la *Odisea* la posibilidad de conocer «todo lo que pasaba sobre la Tierra» y que quien las escuchaba perdía la vida en ello.

¿De qué modo influye todo esto en el oficio bibliotecario? ¿Qué podemos esperar de quienes se dedican a ello?

En una época de austeridad, preguntarse para qué sirve un bibliotecario tiene inevitablemente aires de amenaza. El mero hecho de plantear esa pregunta parece el preámbulo de algún recorte. Recuerdo haber leído que en Reino Unido se procedió hace años a examinar la organización de su ejército y sus posibles disfuncionalidades. Quien hacía el estudio descubrió que junto a sus baterías de costa había siempre dos soldados que no hacían nada, pero que estaban previstos desde siempre para sujetar a los caballos cuando se asustaran por el ruido del disparo, y allí continuaban aunque hacía mucho tiempo que habían desaparecido los caballos de esas instalaciones militares. Los cambios, las máquinas y los nuevos procedimientos siempre han suscitado el temor de la propia inutilidad, como puede verse en la película *Su otra esposa* (Walter Lang 1957), cuando la introducción de la catalogación parecía modificar el rol del bibliotecario y provocaba el miedo a perder el puesto de trabajo. Pienso, por el contrario, que la mejor defensa que puede hacerse del propio oficio, cuando la aceleración de las cosas amenaza con volverle a uno completamente inútil, consiste en descubrir qué puede hacerlo necesario en las nuevas circunstancias.

Por lo demás, tratándose de un oficio tan antiguo, no tiene nada de extraño que quienes trabajan como bibliotecarios y bibliotecarias se vean asediados por una perplejidad paralela a las transformaciones que han ido experimentando las propias bibliotecas: han sido sacerdotes, soldados, funcionarios, almacenistas, virtuosos de las nuevas tecnologías... Los bibliotecarios han tenido que ir reinventando su oficio en múltiples ocasiones: cuando se secularizaron muchas instituciones, con la llegada de la Ilustración, al surgir la moderna división del trabajo, cuando se especificó su profesión y dejaron de ser al mismo tiempo escritores y académicos, cuando los pusieron al servicio del Estado como funcionarios... Esto no es algo nuevo. El creador de la biblioteconomía como ciencia moderna en el siglo XIX fue un trabajador reconvertido, Martin Schrettinger, un exmonje benedictino que pasó del convento a la Bayerische Staatsbibliothek (una biblioteca en la que, por cierto, tantas horas pasé siendo estudiante). El problema al que tuvo que enfrentarse era algo más serio que un cambio de hábitos y destino personal; se trataba de que el tamaño de las bibliotecas las estaba convirtiendo en algo inútil. A él se debe la invención del catálogo, la idea de que un libro debía poderse encontrar en el menor tiempo posible, lo que, en última instancia, posibilitaba la transformación de un museo en una verdadera biblioteca.

Hace unos años, Anne-Marie Chaintreau y Renée Lemaître estudiaron el modo en que las bibliotecas y sus profesionales eran reflejados en la literatura y el cine modernos (Chaintreau / Lemaître 1993). Un repertorio estable de palabras, imágenes, juicios, comparaciones parece surgir automáticamente en cuanto se muestra una biblioteca o se pone en escena un bibliotecario, ciertos rasgos elementales que funcionan como signos de identificación y reconocimiento. Los novelistas tienen una cierta tendencia a exagerar los defectos más que las cualidades en figuras como los médicos, los juristas, los curas o los funcionarios. Los bibliotecarios no son una excepción. Pues bien, la mayor parte de los relatos agudizan el estereotipo que hace de las bibliotecas lugares aburridos y a sus empleados personajes secundarios, con moño o calva (según el sexo), casi siempre con gafas, solitarios y de simpatía más bien escasa. Los hay expertos en clasificación que se transforman en obsesos del orden, catalogadores que se hacen maníacos de la ficha, otros cuya memoria prodigiosa les hace parecer locos cuando recitan de memoria lugares complejos, hay quien es acusado de no hacer nada útil porque se limita a leer... El justo medio no ha sido nunca ni pintoresco ni novelable y a las exageraciones se les saca un mayor partido narrativo.

La caricatura es siempre un síntoma, de lo retratado y del retratista. Examinar el imaginario colectivo en torno a una profesión es interesante no tanto por lo que nos dice del mundo de los libros y los libreros como por lo que delata de nuestra relación con ellos, del valor que les concedemos. La imagen forjada del lugar y del oficio devienen constitutivos de la manera en que toda una sociedad se los representa. Como ocurre con todos los imaginarios sociales, los clichés no hablan tanto de quien es caricaturizado como de la sociedad en su conjunto que los utiliza y reconoce con ese tipo de caracterizaciones.

Los relatos que tienen lugar en las bibliotecas han experimentado una cierta evolución: en muchos de ellos las bibliotecas dejan de ser lugares oscuros y cerrados, destinados únicamente a la meditación, y se convierten en lugares propicios a la aventura y la intriga. El amor y el crimen penetran en las salas de lectura y perturban la atmósfera rancia de la erudición; de lugares que remiten al pasado pasan a ser puntos de partida de sueños extraordinarios y futuristas; los bibliotecarios timoratos y pusilánimes terminan convirtiéndose en detectives... Pero no deberíamos dejarnos engañar, porque si el cine los ha convertido en escenarios de trepidantes acciones es porque habitualmente no lo son y están destinados a todo lo contrario, a fomentar tan sólo la aventura de la reflexión, que a la mayor parte de la humanidad le dice más bien poco. El fenómeno literario de hacerlas lugares emocionantes no hace otra cosa que subrayar su carácter habitualmente aburrido, como espacio donde no se crea, sino donde se recoge la creación de otros, donde no pasa nada ni se decide nada importante.

Pero el rasgo que más destacaría de los bibliotecarios actuales es que sean capaces de sobrevivir en medio de una concentración tan grande de estímulos que invitan a leer. Si cedieran a la tentación de leer, no harían lo que deben hacer. Los usuarios de bibliotecas miramos a los bibliotecarios como los golosos a los pasteleros, preguntándonos cómo estos últimos pueden mantener esa indiferencia respecto de los dulces para no sucumbir ante ellos. Si no les corresponde leer, menos aún están obligados a opinar sobre la verdad o el error que los libros puedan contener. Anatole France (1909), que fue un gran escritor y un gran bibliotecario, consideraba que el bibliotecario sólo puede mantenerse cuerdo entre tantos libros que se contradicen si no piensa, si es capaz de *«vivre catalogalement»*.

Esta neutralidad es una conquista del oficio y no algo natural; históricamente quien se encargaba de una biblioteca tenía asignadas otras misiones como la de leer, escribir y enseñar. Eso que los sociólogos llaman proceso de diferenciación social o funcional lo que hace es especificar las tareas de los sistemas y las profesiones, asignándoles un núcleo distintivo frente a las demás. Cuando a principios del siglo XVIII Leibniz reflexionaba sobre la naturaleza del oficio bibliotecario y decía que las bibliotecas no estaban para ser leídas, sino para servir como inventarios, ya estaba pensando en clave moderna de división del trabajo y ya se había diferenciado entre el trabajo científico y el trabajo bibliotecario, ese trabajo que, como lo definiría Doris Lessing, es «seco», técnico y presidido por una cierta indiferencia hacia el contenido de los libros.

Esa indiferencia no ha sido siempre bien entendida y a veces puede ser vista como si en el fondo de la profesión bibliotecaria hubiera una cierta hostilidad, hacia los libros y hacia los lectores. Probablemente este sea el origen del tópico que considera al bibliotecario como un ser maniático que crea voluntariamente sistemas complejos para hacer inaccesibles los volúmenes o para acreditar su poder sobre los lectores y sobre los libros.

Cuando yo era estudiante circulaba entre nosotros el reproche de que las bibliotecarias y los bibliotecarios estaban ahí para dificultar el acceso a los libros, y por eso resultaban casi siempre personas gruñonas. En aquella maledicencia había un punto de verdad. Que facilitaban el acceso era una evidencia, pero que nos lo impidieran ocasionalmente parecía una rareza o un abuso de autoridad. Con el paso del tiempo he ido comprendiendo que interponer esas dificultades para hacerse con un libro formaba parte de la nobleza de su oficio; dificultaban el robo, las pérdidas, el préstamo ilimitado o el maltrato de los libros, pero su escasa generosidad también podía entenderse como una estrategia para protegernos a nosotros mismos del exceso de libros. Hay una contradicción en el oficio bibliotecario, un equilibrio inestable que siempre me ha parecido digno de admiración: conseguir que los libros sean asequibles y protegerlos del daño que pueden causarles sus lectores. Pero hay otra aparente contradicción que todavía resulta más extraña, seducidos como estamos por la posibilidad de que el mundo se organice sin mediaciones: están al servicio de la accesibilidad, pero para hacerla real tienen que reducir su alcance. Cuando un bibliotecario o una bibliotecaria alejan o esconden ciertos libros para que otros nos resulten más accesibles, cuando seleccionan, destacan o recomiendan, formalmente están haciendo algo muy parecido a lo que pretendieron los enemigos de los libros, pero así consiguen lo contrario que aquellos fanáticos: protegen el libro de los saqueadores y nos protegen a nosotros de su excesiva cantidad.

10

El futuro del libro y la lectura

No hay cosa más antigua que un enterrador, pero quien anuncia algo nuevo suele ponerse a enterrar cosas que a veces no están del todo muertas. Por eso los proclamadores de todas las vanguardias han tenido también algo de homicidas. Uno de los más respetables candidatos a su propio entierro ha sido el libro y la lectura, su inseparable compañera. Es asombroso cómo resiste la pareja y lo antiguo que suena hoy el discurso sobre el final de la galaxia Gutenberg.

Vendría a sustituirlo el llamado hipertexto, donde todo lo escrito se desmaterializa y la masa se diluye en señales sin peso. En vez de la materialidad y linealidad del libro, internet nos ofrece una información dinámica y asociativa. Se nos presenta como una vasta red en la que todos los conocimientos se relacionarían entre sí y serían puestos continuamente al día. Un documento en el ordenador tiene las ventajas y los inconvenientes de la inmaterialidad. Su falta de fijeza plantea también no pocos problemas, como la cuestión del cierre (¿cuándo se pasa de página en una estructura proliferante y cuándo se puede dar algo por terminado?), la cuestión del título, la cuestión de la redundancia.

Parece lógico, por tanto, que esta nueva realidad haya modificado las prácticas de la lectura –esa vieja técnica cultural para la distribución de saber e información– de un modo mucho más dramático que todos los medios de la modernidad. No es que se lea más o menos; también se lee de otra manera: una lectura impaciente, breve, discontinua, saltarina, promiscua, poco intensa. El libro es un medio lento, apropiado para tiempos de atención largos, que ahora debe hacerse valer en un tiempo de creciente impaciencia. Dicen los expertos que la estancia media en una página web es de 53 segundos. Un minuto escaso es lo que se necesita para leer la primera media página de cualquier novela. Está surgiendo una nueva forma de leer, nerviosa, inquieta, menos volcada hacia una postura meditativa que hacia la exploración de nuevos territorios. La lectura se transforma en festival del zapeo.

El nuevo lector se construye unas expectativas que el papel no está en condiciones de satisfacer. Al habituarse a intervenir en el proceso de recogida y organización de los datos, el navegante de internet se atribuye también unos derechos que no se arrogaba el lector de épocas anteriores, sometido a la autoridad del libro y culturalmente condicionado a mantener su lectura hasta el término del libro. En los nuevos medios, los desplazamientos del lector ya no están limitados por el viejo orden comienzo-final, ni por la entrada alfabética o temática. Cada lugar es virtualmente un nodo que permite encadenar una nueva ventana del texto. La curiosidad del lector es susceptible de una satisfacción inmediata. Se puede pasar de una información a otra con una flexibilidad absoluta, obedeciendo al deseo y a las propias asociaciones mentales antes que a un recorrido conceptual impuesto.

El movimiento hipertextual es la fragmentación, la digresión y la multiplicación de los accesos. Cada clic sobre un enlace aleja cada vez más al lector del punto de partida y de su contexto. Mientras que el texto impreso consagra por excelencia el triunfo de la idea fija y la coherencia, el hipertexto es una puerta abierta a la deriva, a la asociación salvaje. El hipertexto favorece el fragmento más que la suma, la frase corta más que el periodo, las ramificaciones abiertas más que un texto seguido, una textualidad que está más cerca de lo icónico que de lo simplemente verbal.

Los libros, siendo muchos y en ocasiones contradiciéndose entre sí, nos convocaban a un mundo más común y lo ordenaban de acuerdo con algunas coherencias y linealidades. En esa red abierta e indeterminada la responsabilidad de poner un cierto orden recae sobre las espaldas del lector, tarea que en el libro corresponde a su autor. Una lectura más personal del mundo se paga con la agotadora tarea de hacerse con una idea coherente de él, sin la ayuda de aquellos autores que lo intentaron antes que nosotros. Gustave Flaubert lo sentenciaba así: *«l'ordre des idées, voilà le difficile»* (el orden de las ideas, he aquí lo difícil), justo lo que esa lectura nerviosa en internet no nos proporciona. El mundo hipertextual es un mundo más personalizado y en esa misma medida fragmentado. Ya se sabía que dos personas que habían leído el mismo texto podían haber hecho una lectura distinta: ahora ni siquiera habrán leído el mismo texto. El texto terminará perdiendo su potencial como lugar de convocatoria y discusión.

Sobre estos supuestos, parece claro que la crisis del libro y su resistencia no son un problema de modelo de negocio, como suele decirse, sino algo más profundo y que se juega en determinados hábitos culturales. Desde hace algún tiempo el mercado del libro se ve sacudido por las crisis y los peores presagios. ¿Cuándo le darán la espalda los lectores al libro? Cuando haya un medio que tenga todas las ventajas del papel y las ventajas digitales. Como no parece posible que suceda tal cosa, el libro sobrevivirá, aunque tenga que compartir su reinado con otros soberanos. Es dudoso que los nuevos medios reemplacen un día a la escritura en su función específica como lo había podido pensar el entusiasmo audiovisual de la década de 1960.

Este tipo de texto y sus correspondientes modos de navegación no tendrían por qué hacer desaparecer el libro en papel, del mismo modo que la televisión no ha reemplazado a la radio, ni el cine ha sustituido al teatro. El ordenador es un medio que se añade a los ya existentes. Seguramente condenará a cierto tipo de obras allí donde las finalidades de la escritura se armonicen especialmente con la especificidad del hipertexto: informaciones, concordancias, enciclopedias, catálogos y compendios de diverso tipo. Al mismo tiempo proporcionará una expansión sin precedente a la forma del fragmento, al texto-imagen y a las obras constituidas por vínculos con multitud de referencias. El hipertexto acogerá todo tipo de documentos cuya lectura exige una cierta interacción con el lector, al texto que debe coexistir con otros medios (sonido, vídeo, fotografía...). Me atrevo a asegurar que ninguno va a absorber o eliminar necesariamente al otro: de su coexistencia dinámica nacerán nuevos objetos de lectura y nuevas formas de expresión.

Toda la experiencia histórica nos enseña que un cambio de medio no lleva automáticamente a la disolución del anterior y a su completa sustitución por el nuevo. Con mucha frecuencia se desarrollan interacciones inesperadas, sinergias que ponen de manifiesto muchos potenciales y cualidades del medio aparentemente superado. El correo se ha beneficiado incluso del teléfono, como el cine de la televisión o el libro del periódico (y al revés). También los libros han experimentado efectos beneficiosos de internet.

Los amantes del libro no deberían dejarse dominar por el pánico. El hipertexto no supondrá la desaparición del libro, que continuará siendo el mejor soporte para un texto que apele a una lectura seguida y sea concebido como una cierta totalidad. En último término, el lector tendrá que exigir a cada obra el soporte más adecuado y más funcional. Vamos hacia una hibridación y diversificación de los soportes de lectura, de los tipos de lectura y de los tipos de lector.

Los libros son, como muchos otros medios, instrumentos para fijar una determinada información. Salvando el caso de las piedras –que sólo pueden recoger textos breves– los libros son los de mayor duración que se han inventado. Las páginas de internet pueden cambiar cada día o desaparecer; su archivo, a causa de su crecimiento exponencial, sería imposible y absurdo. No deja de discutirse, con razón, acerca de cuál debe ser el modo de citar en internet. ¿Quién puede comprobar esa cita? Los libros son –y no únicamente en la novela *Fahrenheit 451* de Ray Bradbury– instrumentos del arte de la supervivencia. Nadie recibirá como herencia colecciones de CD-ROM o DVD. Las bibliotecas privadas, por el contrario, pueden sobrevivir varias generaciones; en cualquier caso, cada día son más valiosas.

El libro no debe su posición privilegiada en nuestra cultura a su antigüedad, al hecho de que casi todo nuestro saber esté en los libros o a que tenga muchos partidarios. La importancia del libro se decide por otros criterios, más prácticos que sentimentales. El libro es el medio central de nuestra cultura porque es un medio excelente, hasta ahora no superado, para la escritura y para la lectura. Consciente o inconscientemente, los lectores comparan continuamente hasta qué punto es fácil o útil esta o aquella forma de leer, en papel impreso o sobre la pantalla. El futuro del libro se decide en el hecho de que haya, entre las generaciones digitales, suficientes lectores que resistan la tentación de la impaciencia, que no queden seducidos por la idea de que la lectura que permite internet vaya a hacer innecesaria la clásica lectura de libros y que combinen con normalidad ambos formatos.

Sin embargo, en última instancia, el futuro del libro y de la lectura depende de que nos siga pareciendo valiosa esa peculiar relación entre quien escribe y quien lee. Es extraña esa relación porque implica una confianza que incluso podríamos calificar como sumisión hacia el autor, pero que al mismo tiempo ha posibilitado la constitución de esa subjetividad del lector que es una figura de la emancipación individual en todas sus dimensiones, como soberanía en el mismo acto de leer, aunque también como sujeto capaz de entender el resto de sus derechos. Leer es al mismo tiempo un acto de obediencia y un ejercicio de autoafirmación. Fernando Pessoa expresó en unos versos esta paradoja de una relación servil pero autónoma: «Descubrí que la lectura / es una forma servil de soñar. / Si tengo que soñar, / ¿por qué no soñar mis propios sueños?». Con la lectura uno se somete a la autoridad del autor, se deja guiar por él, a cambio de lo cual adquiere unas experiencias propias que de otro modo probablemente no estarían a su alcance. Quien comienza *En busca del tiempo perdido* de Marcel Proust ha de salvar el primer escollo de una descripción pormenorizada e insulsa de una madalena, algo que al lector impaciente de internet probablemente le hubiera llevado a desistir y saltar a otro lugar más prometedor. El acto de leer comienza con un crédito a veces desorbitado. Abrir un libro implica un ejercicio de confianza y aceptar que uno va a ser guiado por otro durante una travesía, en ocasiones muy larga y en la que tal vez no faltarán momentos de desánimo. Los libros pueden ser abandonados antes de tiempo, leídos de muy diversas maneras, ojeados en diagonal, a saltos, también hacia atrás, pero en principio plantean la expectativa de constituir una totalidad finita, que un lector debería recorrer íntegramente. El pacto implícito de la lectura es dejarse llevar desde el principio hasta el final y de una manera lineal.

Paradójicamente, la lectura es también un acto constitutivo de libertad. No en vano el paso de las sociedades orales a las sociedades del libro implica el nacimiento de la subjetividad moderna, de la conciencia que interpreta las escrituras en vez de tomarlas según el formato de la predicación, del sujeto que es capaz de entender sus derechos y hacerlos valer. El hecho de que uno pueda leer en cualquier tiempo y lugar es el fundamento de que el mundo sea para quien lee una realidad siempre interpretable personalmente. Las antiguas culturas orales –y en cierto sentido también nuestras actuales sociedades del espectáculo– son culturas en las que los maestros de escena tienen un poder absoluto porque el mundo aparece y desaparece con ellos, sin la fijeza de un texto objetivo y permanente (René Descartes lo llamaría el gran libro del mundo) respecto del cual los lectores deciden su posición. Si las sociedades orales eran menos libres que las sociedades de cultura escrita es porque la escucha es más autoritaria que la lectura. Los rapsodas que aparecen en los diálogos socráticos tienen una autoridad que no procede de libro alguno, sino de haber escuchado a su vez a alguna antigua autoridad. Pese a estar enemistado con los libros, Platón inició un debate que culminaría en la figura del sujeto moderno lector, consciente, titular de derechos y ciudadano de una democracia. Por eso pudo decir Victor Hugo que el libro nos libera de los maestros. Ese libro a cuya lectura nos entregamos permite que abandonemos la pasividad de la cultura oral. Por medio de la lectura se adquiere un tipo de comunidad entre el autor y el lector con mayor distancia crítica que en la cultura oral. Goethe tenía a la vista esta figura del espectador moderno como lector crítico cuando en el «Preludio en el teatro» de su *Fausto* I pone en boca del preocupado director teatral estas palabras referidas al público: «han leído tanto que me asustan».

¿Cuál es la razón de que el lector pueda ser más crítico que el espectador? Si hubiera que sintetizar en una imagen a qué se debe en última instancia esa libertad, yo diría que no es tanto la lectura en general, sino un determinado tipo de lectura, concretamente lo que podríamos llamar «la segunda lectura». Quien asiste a un espectáculo oral no es dueño de la escena, el ritmo se le impone, no puede detener el tiempo o echar para atrás y revisar lo vivido. Con la escritura las cosas son de otra manera. Como el pensamiento puesto por escrito posee una configuración espacial, es posible que el lector lo siga con su propio ritmo y perciba sus fallos. La escritura se presta muy bien a un trabajo analítico.

La lectura procura una sensación de control y de seguridad cognitiva que la oralidad no podía proporcionar. Siempre es posible volver a leer, marcar el propio ritmo de lectura, releer críticamente, volver atrás para comprobar lo leído, superar la inmediatez de la primera impresión, algo que no se da en la transmisión oral. Nietzsche formulaba así esa libertad de la segunda lectura: «leer bien, es decir, despacio, profundamente, mirando hacia atrás y hacia delante, con reservas mentales, con las puertas abiertas, con dedos y ojos delicados» (1988b, 179). Quien se definió a sí mismo como amigo del ritmo *lento*, del arte de leer despacio, el maestro de la sospecha, estaba tocando el núcleo de la libertad humana, una realidad sublime que depende a fin de cuentas del acto banal de ser libre para decidir cómo, cuándo y en qué dirección pasar las páginas.

11

La inutilidad de la cultura

Hoy todo tiene una cultura; me he encontrado esa expresión en las instrucciones de uso de una aspiradora, se utiliza para calificar el comportamiento de nuestros representantes e instituciones y se habla incluso de la «cultura de la corrupción». El término se emplea tanto para referirse a una determinada identidad corporativa como a los contextos que explicarían ciertas acciones. Cuando una palabra sirve para tantas cosas, lo más probable es que no sirva para nada. La carrera meteórica que ha hecho la cultura como término tal vez sea el reverso de su creciente insignificancia como realidad.

Las diversas actividades que relacionamos con la cultura (la música, la lectura, el cine o el teatro) ocupan un lugar muy peculiar en la economía de las acciones humanas. Por un lado, son realidades vinculadas al ocio, pero tienen también una dimensión de negocio; son una forma de vida para muchas personas y algo que está fuera de la lógica del trabajo y de la economía para casi todas. En esta segunda dimensión, la cultura tiene un carácter de fin en sí mismo, de exceso y gratuidad. Si alguien preguntara para qué sirve una sinfonía, deberíamos recomendarle que revisara el concepto que tiene de utilidad. Va contra la idea misma de la cultura la exigencia de que tenga que ser algo que haya de ser justificado. Aunque las obras literarias enriquezcan el idioma que usamos, aunque en las catedrales se oficien ceremonias religiosas y la música modifique nuestro estado de ánimo, hay en todas ellas una dimensión que se resiste a ser justificada por su rendimiento.

No sabemos muy bien para qué sirve la cultura, pero el problema tal vez sea que se trata de una pregunta que no tiene mucho sentido y que obedece a nuestra obsesión de que las cosas se justifiquen por su utilidad. La cultura sufre por esta presión más que por la escasez de recursos. Si la derecha entiende la cultura a partir de su utilidad para la competitividad, la izquierda la concibe como la clave para la resolución de los problemas sociales. En ambos casos la cultura queda subordinada a una finalidad y, de este modo, menospreciada en su valor intrínseco. ¿Y si buena parte de los fallos de la formación que proporcionan las instituciones educativas procediera no tanto de los registros cuantitativos medidos por el informe PISA como del hecho de que nuestra idea de utilidad es muy estrecha y, paradójicamente, muy poco útil? Si uno sólo aprende lo que es útil, lo inmediatamente aplicable, lo que corresponde a las necesidades del propio tiempo, corre el riesgo de no prestar atención a las cuestiones verdaderamente relevantes. Estudiar lo que se necesita para la vida es una de las cosas menos interesantes que se hacen en la escuela o en la universidad. Acusarles de que todavía enseñan cosas que no sirven para nada es un claro indicador de que no se sabe ni para qué sirve la formación ni qué cosas son necesarias para vivir. Lo que deberíamos preguntarnos es qué utilidad tiene preguntarse por la utilidad de la cultura.

Cuando se afirma que un determinado problema debe solucionarse por medio de la educación y la cultura, hay que interpretarlo como que no tiene solución o, al menos, no una inmediata, que debemos confiarlo todo a una siembra impredecible que tal vez propicie las condiciones necesarias para que en un lejano futuro alguien solucione lo que hoy por hoy no tiene arreglo. El registro temporal en el que actúan beneficiosamente la cultura o la educación es el de la larga duración y no el de los resultados inmediatos. En ese amplio espacio temporal las cosas menos útiles suelen terminar revelándose como extremadamente útiles. Los conocimientos que no sirven para la solución de un problema proporcionan, sin pretenderlo, una capacidad para identificar los problemas más importantes entre tantos que son únicamente muy ruidosos o para adquirir unas destrezas que no figuran en el catálogo oficial de las competencias curriculares. Puede que una obsesiva orientación práctica nos esté privando del placer de los idiomas antiguos o minoritarios, de la belleza sin rendimiento, la contemplación gratuita y el conocimiento sin competencia. Hay un momento de ociosidad en todo acto de sumergirse en una obra de arte, en un problema, en una lengua, sin tener que justificar para qué sirve. La desatención hacia lo gratuito estrecha nuestro concepto de utilidad hacia lo inmediatamente utilitario, como si a los seres humanos no debiera interesarnos vivir en un horizonte de utilidad más amplio.

La idea de que todo saber debe ser aplicable y se acredita por su utilidad inmediata destruye el momento de ocio, la demora que es propia del pensamiento. La cultura está hecha de interrupciones y moratorias, gracias a las cuales podemos cambiar de orientación, modificar nuestra instalación en el mundo o redefinir los problemas. Reflexionar es resistir al imperativo de que las cosas sigan siendo lo que eran, romper por un instante su terca continuidad. Eso que para un pragmatismo elemental constituiría una pérdida de tiempo resulta ser más transformador de la realidad que la agitación y el activismo. No hay verdadero cambio social que no haya sido precedido por una fase de reflexión. Debemos esperar hoy más cambios de los conceptos, de las teorías y de las experiencias verdaderamente nuevas que de la aceleración en los carriles de lo ya conocido. Por cierto: una de las cosas sobre las que tendríamos que reflexionar (y las distintas manifestaciones culturales pueden ayudarnos a abrir ese espacio de interrogación) es por qué, habiendo sido liberados por las máquinas de una buena parte de los trabajos más pesados y gravosos, apenas notamos el alivio. Hemos vuelto a organizar nuestras vidas de manera que ni siquiera en el llamado tiempo libre tenemos un momento para respirar.

Las experiencias culturales no se justifican por su utilidad dentro de los marcos dominantes en los que una sociedad define la utilidad, sino para interrogarse por ella. ¿Qué significa estar formado, ser culto, en una sociedad tan obsesionada por la utilidad? La formación está más cerca del caos que del orden. Estar formado no equivale a ocupar un espacio en el organigrama convencional de oficios y gremios, sino moverse en un espacio sin sumisión a unos objetivos, fuera de control y sin acreditación. Las autoridades educativas regulan el itinerario formativo y miden la calidad de lo investigado, pero hay una dimensión de la formación y el aprendizaje que se escapa de la medición, que desorganiza, improvisa y desequilibra toda regulación. Cuanto más cultura se tiene menos dócil se es a los dictados del tiempo y las modas. El pensamiento propio nos libera tanto de la satisfacción con el propio tiempo como de la permanente indignación crítica.

La cultura nos pone en contacto con otros (con ciertos creadores, con el público, con otros participantes en un mismo evento), pero en el fondo es una experiencia que nos deja a solas con nosotros mismos. La obra de arte que vemos o el libro que leemos es menos un diálogo entre iguales que una interpelación autorizada. Los encuentros culturales nos relacionan con algo que nos despoja de las habituales compañías. Todas las estrategias de animación cultural y promoción educativa, aunque se realicen con otros, tienen que suceder en uno mismo, en su propia sensibilidad y pensamiento. Hay experiencias de aprendizaje que no se realizan en la actual mística del trabajo en equipo, la interactividad, el grupo y la conectividad. ¿Y si nuestros fracasos educativos tuvieran menos que ver con una resistencia a cooperar que con una incapacidad para ciertas experiencias solitarias, como la lectura, la reflexión o la escucha?

El concepto de utilidad ampliada que propongo está íntimamente unido a la capacidad para realizar experiencias solitarias a través de un cierto tipo de desconexión. Los defensores de la utilidad de la cultura para la cohesión social, la identidad colectiva, la competitividad de un país o las transformaciones sociales se olvidan con frecuencia de que la cultura no debe su existencia a la utilidad que pueda representar para la afirmación de un colectivo. Quienes elogian su utilidad banal son también quienes la entienden como utilidad social, como rendimiento que afirma los marcos dominantes que la definen. Se alaba la potenciación de las propiedades individuales, pero enseguida se nos recuerda que las sociedades no nos podemos permitir dejar ningún potencial inutilizado, es decir, que la promoción individual está pensada por subordinación al sistema social. Esta declaración en favor de la individualidad es incompatible con el hecho de que sólo se fomente lo que necesitan los mercados y las agencias de evaluación. Ya advirtió Nietzsche de un odio a la cultura que nos hace solitarios, que no representa ninguna utilidad inmediata.

En cualquier verdadera experiencia cultural se topa uno consigo mismo y con algo que le trasciende. Una de las acepciones más vulgares del término relaciona cultura con identidad de tal manera que en sus manifestaciones no haríamos otra cosa que desarrollar lo que somos y celebrarlo colectivamente o explicitar lo que ya sabemos, sin aprendizajes ni rupturas significativas. De este modo se pierde de vista su verdadera utilidad: la cultura no es el despliegue de la propia identidad, sino el medio a través del cual gestionamos la insatisfacción con nuestra falta de identidad. Somos seres culturales porque la naturaleza nos ha dado escasas instrucciones de uso acerca de lo que somos y debemos hacer.

Si la cultura crea un particular sentimiento de la propia indigencia es porque constituye algo así como un observatorio de lo inalcanzable. Por un momento tenemos en nuestras manos, ante la vista, algo que nunca hubiéramos sido capaces de producir; lo indisponible se pone a nuestra disposición. La concentración de significado de la que gozamos en ese momento contrasta fuertemente con nuestra limitada capacidad subjetiva. En toda experiencia cultural, formativa o de aprendizaje se verifica esa desproporción. No sabe nada quien no sabe que el verdadero saber es inalcanzable; no ha aprendido nada quien no ha aprendido lo mucho que le queda por aprender. Ser culto no es acumular lecturas, conciertos y exposiciones, sino haber entendido ese carácter inalcanzable de la cultura y mantener, pese a todo, esa aspiración de ser personas formadas en el sentido más integral del término.

Por este motivo, la autosuficiencia de las élites cultas es uno de los signos más evidentes de incultura. El catetismo de los ricos resulta ridículo, mientras que la ignorancia de los pobres puede llegar a ser admirable. Haber leído mucho implica estar más afectado que otros por la pena de no haber leído lo suficiente. Una persona «leída» es lo contrario de aquellos que citan profusamente o creen que Google les pone al alcance todo lo que necesitan saber. Ser culto es tener conciencia de que serlo es muy importante y muy poco a la vez.

12

La ciencia bajo observación. Beneficios, límites y paradojas de la evaluación de la actividad científica

La ciencia es algo demasiado importante como para dejarla únicamente en manos de los científicos. En las sociedades democráticas el principio de autonomía de la ciencia se complementa con el de responsabilidad. La actividad científica se desarrolla hoy en una sociedad que es cada vez más exigente respecto a las responsabilidades de los científicos; esta vigilancia pública se refiere tanto a las grandes cuestiones que plantean profundos dilemas éticos como a la supervisión acerca de qué se hace con los recursos públicos. La gobernanza del conocimiento se encuentra en medio de esta tensión: ¿cómo compaginar su responsabilidad con el hecho de que la ciencia requiere un espacio de autogobierno y libertad que no esté sometido a los imperativos inmediatos de la relevancia social o la rentabilidad económica?

Esta es la razón que está detrás de multitud de discusiones acerca de qué es lo que podemos esperar de la ciencia y en qué medida debe estar sometida a un control social, compatible con su principio de autogobierno, sin retroceder en la conquista de un espacio de libertad e innovación fuera del cual no es pensable el ejercicio de la actividad científica. Toda una serie de instituciones y procedimientos, entre ellos el de su evaluación, tienen precisamente como objetivo asegurar el cumplimiento de las expectativas que la sociedad deposita en la ciencia, de manera cada vez más creciente. Se trata de un conjunto de exigencias de legitimación en decisiones que nos afectan a todos, en la asignación de recursos o en la regulación del hecho de que haya cada vez más autores y más fuerzas que intervienen en asuntos que ya no pueden considerarse como una competencia exclusiva de los expertos.

Esta exigencia de rendición de cuentas no es algo que se dirija únicamente a la ciencia, sino que se ha constituido en un principio normativo central de nuestras sociedades. El diagnóstico social que está detrás de denominaciones como sociedad auditada o *audit society* (Power 1977), era de la inspección o *age of inspection* (Day / Klein 1990), Estado evaluador o *evaluative state* (Neave 1988), sociedad contable o *accounting society* (Weingart 2005) se refiere a una tendencia general a configurar estructuras de «control del control» en los diversos subsistemas de la sociedad contemporánea.

Me propongo llamar aquí la atención sobre los límites y las paradojas de la evaluación, como procedimiento que debe ser utilizado reflexivamente, es decir, valorando también sus costes, sus posibles errores e incluso sus efectos indeseados. De hecho, generalmente cuando se hace una evaluación la cuestión de su coste no se tematiza suficientemente. Esto tiene como consecuencia el hecho de que su utilidad se sobrevalora sistemáticamente. Quisiera subrayar especialmente los costes epistemológicos de un sistema que también puede producir una «dinámica de la desconfianza en la era de la calidad» (Sitkin / Stickel 1996), un efecto que las ciencias sociales llevan tiempo investigando y que algunos han llamado «transintencionalidad» (Greshoff / Knerr / Schimank 2003), es decir, el conjunto de efectos no deseados que acompañan a cualquier tarea de gobierno y organización: la introducción de evaluaciones con la intención de fortalecer el control y la transparencia dentro de las organizaciones puede tener el efecto contrario.

Las expectativas de racionalización que impulsan el despliegue de las evaluaciones no dejan de ser problemáticas. Por una parte, pueden ser expectativas desmesuradas en relación con los instrumentos de la evaluación, pero también pueden hacer que se desdibuje el objetivo mismo de esta. ¿Qué es lo que estamos pretendiendo? ¿Significación epistémica, relevancia social o adjudicación eficiente de recursos? Es una ilusión pensar que estas valoraciones van siempre unidas o que no plantean nunca problemas de compatibilidad.

Aunque buena parte de las críticas a la evaluación tienen un fondo de conservadurismo o defienden el *statu quo*, la reflexión acerca de su sentido, límites y paradojas puede contribuir no tanto a abolirla como a mejorarla. Esta reflexión de segundo grado –evaluar la evaluación– es necesaria, de entrada, porque no podemos actuar como si los expertos no se equivocaran nunca; nuestros procedimientos de evaluación deberían estar siempre alerta ante tal posibilidad. ¿Cómo protegernos de quiebras de la confianza en el sistema científico similares a la que ha sufrido la economía con el descrédito de un instrumento de mediación tan importante como las agencias de calificación (*rating*)?

Propongo compendiar estas limitaciones en cuatro tipos: las limitaciones de la exactitud, lo que podríamos llamar los efectos secundarios de la evaluación, la dificultad de evaluar lo realmente nuevo en la ciencia y, finalmente, las limitaciones que provienen de su falsa universalidad.

a) Cantidad y calidad

La evaluación tiene la aspiración de medir la calidad y ambos términos –medición y calidad– no siempre son compatibles. No me refiero a cosas que no estén siendo suficientemente medidas, sino a lo que no se deja medir por su propia naturaleza, a los límites intrínsecos de la exactitud, a la dificultad de traducir lo cuantitativo en un juicio de calidad y permitir así el gobierno a través de los números o *governing by numbers* (Porter 1995; Miller 2001).

La seducción de lo cuantitativo ha puesto en marcha una bibliometría que gestiona cantidades, números, citas e impactos de manera que evaluadores y evaluados orientemos nuestros respectivos trabajos más por la cantidad que por la calidad. El problema es que la bibliometría no permite distinguir al verdadero investigador del hábil profesional, los trabajos innovadores de las publicaciones rutinarias en serie, la hiperproductividad mediocre de la investigación eficiente (Hornbostel 1997). Sus limitaciones como método de gobernanza de la ciencia son patentes en cuanto analizamos el alcance de instrumentos de medida como la cita o el análisis del impacto.

De entrada, la cita tiene una diversa significación en cada una de las disciplinas científicas. Cada disciplina tiene una peculiar cultura de la cita; las citas pueden ser positivas, negativas o simplemente rituales. La excelencia de una investigación y su transferencia a la sociedad no se pondera bien cuando se valora únicamente por las citas en revistas internacionales especializadas. Si valoramos la interdisciplinaridad, las citas provenientes de otros campos deberían tener un mayor valor que las de nuestra disciplina. El impacto se mide por las veces que se cita, con independencia de que sea para criticarla o alabarla. Existen ciertos «clubs de citas» autorreferenciales y bastantes evidencias de que, por ejemplo, los científicos norteamericanos sólo se citan entre sí.

Algo similar puede decirse de los *rankings* y su aceptación irreflexiva. Los números con los que se clasifica a los investigadores, a las universidades y a los centros de investigación no son medidores neutros y objetivos; por el contrario, contienen juicios previos, deben ser interpretados y no pueden ser utilizados ilimitadamente. La cuestión acerca de qué debe entenderse por excelencia o calidad en relación con el saber es algo que no puede confiarse únicamente a clasificaciones e indicadores indiscutibles, sino que exige un permanente debate público sobre la política del conocimiento. Otro indicador puede ser la consecución de fondos para la investigación, que no dice mucho acerca del sentido o la productividad de la investigación financiada. Si están muy extendidos este y otros procedimientos de medida es simplemente porque son cantidades fáciles de medir.

Las dificultades de traducir lo cuantitativo en cualitativo no impiden el empleo de métodos cuantitativos; es más bien una llamada de atención contra cierta beatería de los números, la ilusión de la exactitud o el culto de la cantidad. Las mediciones cualitativas, cuando están bien hechas, facilitan el juicio y la toma de decisiones, pero no las hacen innecesarias.

b) Los efectos secundarios de la evaluación

Cuando los seres humanos son observados reaccionan modificando su conducta. El instrumento de la evaluación modifica de modo sistemático, aunque no intencional, el comportamiento de las personas afectadas. Las ciencias del comportamiento han estudiado desde hace años esta tendencia de las personas a concentrarse exclusivamente en los criterios medidos y desatenderse de todo lo demás. La atención a ciertos indicadores motiva a los investigadores a desarrollar una competitividad que se traduce, por ejemplo, en la cantidad de las publicaciones; algunos las aumentan de tal modo que trocean sus trabajos hasta las más pequeñas unidades publicables (Tucci 2006, 28); otros proponen proyectos de investigación menos innovadores, pero más seguros; los hay que tienden a disminuir la exigencia de sus doctorados.

El principal efecto secundario de la evaluación es que promueve indirectamente una fuerza de adaptación en virtud de la cual la motivación principal ya no es la búsqueda de nuevo saber, sino con qué actividades, temas y productos se consigue más fácilmente una evaluación positiva. La publicación se convierte en un fin en sí mismo. Cuando reina este juego de inercias podemos estar seguros de que se está produciendo ese efecto de control en virtud del cual las motivaciones intrínsecas del trabajo disminuyen en la medida en que aumentan los incentivos externos (Bénabou / Tirole 2003; Fehr / Gächter 2002).

Sabemos ya mucho sobre los límites de la medida y el juego de un cumplimiento creativo o *creative compliance* que se desarrolla a su alrededor (Salais 2006). Los indicadores forman parte de una discusión abierta acerca de qué es una buena investigación, pero también tienden a adquirir vida propia, convertirse en objetivos estratégicos y fomentar ciertas motivaciones autónomas. «*People learn to manage the reporting of* performance» (Chapman 2006, 13). Dicho de otra manera: «el éxito en el proceso de evaluación puede convertirse en un objetivo más importante que el éxito en la investigación misma» (Brook 2002, 176). Las organizaciones y los individuos descubren que la reputación se construye por un determinado *rating* y *ranking*, al que terminan adaptando su comportamiento. Lo que tuvo su origen en el deseo de promover la consecución de los objetivos pretendidos por la investigación científica termina produciendo el indeseable resultado de una investigación que se incapacita para la producción de lo nuevo.

c) La producción científica de lo nuevo

Entre los principales efectos indeseados de la evaluación científica el que más debería inquietarnos es la posibilidad de que su uso irreflexivo contribuya a dificultar la producción científica de lo nuevo, que es el objetivo nuclear de la investigación científica. Puede ser que el aumento de la evaluación se rija por un principio de utilidad marginal decreciente, de manera que lo que comienza separando el saber de la insignificancia termina produciendo una estandarización, actuando a favor de la tendencia principal (*mainstream*).

Para entender a qué se debe este fenómeno es necesario reflexionar un momento sobre cómo funciona la novedad en el sistema científico. Por definición, un pensamiento que sea realmente nuevo tiene que suscitar resistencias o, simplemente, no puede ser reconocido como tal. En cambio, el sistema de la mutua evaluación tiende, por su propia racionalidad, a dificultar la innovación. El incremento de las evaluaciones a todos los niveles promueve una «espiral de adaptación» en virtud de la vigilancia recíproca que dificulta la innovación a través del disenso. La investigación innovadora corre el peligro de ser poco valorada en la medida en que puede chocar contra el criterio de los evaluadores. La lógica de las citas normaliza la investigación en la medida en que entroniza lo «moderadamente nuevo», mientras que los innovadores más radicales –que generalmente no tienen pares que los citen– permanecen invisibles.

Un sistema en el que todos sus actores se orientan por los mismos indicadores corre el peligro de perder su diversidad y capacidad de innovación. Un procedimiento de evaluación que no sea consciente de este efecto secundario puede provocar que disminuya el apetito por el riesgo intelectual y que la investigación crítica deje de valer la pena.

Donde mejor se comprueba este dilema ante la novedad es en la «paradoja del proyecto de investigación»: si uno dice que no sabe realmente lo que va a resultar al final, será rechazado por pedir una cantidad de dinero para no se sabe qué; pero si uno anticipa el resultado, entonces se hace acreedor del reproche de que carece de sentido financiar una investigación sobre lo que ya se sabe. Por eso los proyectos de investigación deben hacerse, por así decirlo, «medio bien», sin dejar demasiado abierto el resultado ni anticiparlo excesivamente: porque nuestros sistemas de evaluación sólo están capacitados para percibir, repito, lo «moderadamente nuevo».

La producción del conocimiento obedece hasta cierto punto a dinámicas anárquicas y no es algo completamente gobernable. Lo único que cabe hacer –y no es poco– es establecer las condiciones que faciliten el surgimiento de nuevos saberes. Pero una cultura que favorezca la novedad y que esté abierta al futuro requiere dos cosas: renuncia al control y la paciencia (Koschorke 2004, 156). La *longue durée* del trabajo científico necesita un clima de estabilidad y confianza, que no puede estar permanentemente interrumpido por las exigencias de rentabilidad a corto plazo.

Tal vez no tengamos otro remedio que reconocer que la evaluación, tan necesaria como es, no sirve más que para asegurar un nivel mínimo, para la ciencia normal o *normal science* (Kuhn 1962), pero no para promover la verdadera innovación científica. Ahora bien, ¿y si fuera todavía peor y la evaluación actuara como un impedimento? ¿Habrían sobrevivido Max Planck, Gottlob Frege, John Maynard Keynes o Ludwig Wittgenstein en nuestro actual sistema de evaluación? Probablemente hay que resignarse al hecho de que las ideas innovadoras no pueden ser reconocidas como tales por sus contemporáneos. Que los vagos se amparen en su genialidad no reconocida no es un motivo para suprimir las evaluaciones, pero tampoco para confiar en que produzcan milagrosamente la excelencia.

d) La especificidad de los saberes humanísticos

El cuarto y último eje que advierte de las limitaciones del sistema de evaluación tiene que ver con su falsa universalidad, es decir, con el hecho de que muchos científicos impugnan la evaluación porque entienden que es un sistema que procede de una determinada cultura científica y no respeta la especificidad de otras posibles culturas.

La presión del mercado sobre la universidad lleva a que la investigación y la docencia se orienten más hacia la aplicación o los saberes inmediatamente útiles. Las ciencias humanas, sociales y jurídicas –al igual que una parte importante de las ciencias básicas– son saberes que tienen otra relación con los criterios de utilidad, en los que se cultiva un sentido crítico en relación con esa inmediatez con el que otras disciplinas mantienen una mayor familiaridad. Estas disciplinas tienen una praxis que no se adapta bien a los criterios normalizados de cientificidad. Defender esa especificidad contribuye no sólo a enriquecer la pluralidad de las ciencias, sino también la posibilidad de una integración equilibrada de los saberes.

Hay una sensación de que los saberes humanísticos experimentan una invasión de métodos, criterios y enfoques que no hacen justicia a su especificidad. De hecho, se ha producido una cierta estandarización de las publicaciones, algo que puede tener efectos negativos sobre la creatividad en estos ámbitos de la ciencia. Lo que vale como estándar es el artículo corto, altamente especializado, en una revista anglosajona y del que son responsables varios autores en una secuencia minuciosamente establecida. Las humanidades no pueden ser valoradas con los mismos criterios de relevancia y productividad que las especialidades técnico-científicas. Pero en esto no hay que ver solamente un problema, sino también una oportunidad: gracias a la cultura de la interpretación en la que se desenvuelven los estudios humanísticos, el saber no queda reducido a la mera acumulación de datos y la universidad no se pliega a los imperativos del rendimiento productivo inmediato como máxima prioridad.

Tenemos el caso del *Standing Commitee for the Humanities Citation Index*, que desde el año 2000 sostiene que el *Citation Index* del International Scientific Indexing (ISI) es completamente inadecuado para estas disciplinas y no debería por tanto ser utilizado por las autoridades europeas, entre otras razones porque constituye una sobrerrepresentación de revistas americanas, porque supone un menosprecio a la cultura de las disciplinas humanísticas (de la que forman parte los libros y las actas de congresos), y porque se concentra en las publicaciones recientes, mientras que en las humanidades y ciencias sociales la vigencia de las publicaciones no se rige por el criterio de actualidad reciente (Peyraube 2002). Como advertía recientemente Helga Nowotny, antigua presidenta del European Research Council, en una conferencia con el título provocador «¿Cuánta evaluación soporta el sistema científico?», las valoraciones de la ciencia han de respetar los criterios al uso en el seno de cada específica comunidad científica, como puede ser el caso, por ejemplo, de los libros en las humanidades (Nowotny 2012, 14).

En humanidades y ciencias sociales es muy frecuente que el destinatario de la publicación sea un público nacional (pensemos en ciertos ámbitos de la filología, la historia, el derecho o la sociología). Buena parte de su investigación se dirige a un público no científico (funcionarios, jueces, público culto en general), para los que debe haber otros canales de comunicación diferentes de las revistas especializadas y en idiomas distintos del inglés. Si esta y otras especificidades no se reflejan en los criterios de valoración, habremos equivocado nuestras estrategias para medir la excelencia de la investigación científica en todas sus dimensiones. Buena parte de estas y otras paradojas que afectan a la investigación en humanidades fueron analizadas exhaustivamente y con propuestas de mejora por la Fundación Española para la Ciencia y la Tecnología en su *Libro blanco de la investigación en Humanidades* (2006).

e) Conclusión: reflexividad y pluralismo contra la incertidumbre

Me gustaría concluir con una constatación y dos recomendaciones. La primera, que las limitaciones comprobadas en nuestros sistemas de evaluación no deberían llevarnos a su impugnación general, sino a reconocer que, como todos nuestros sistemas de medición, son inexactos, paradójicos y necesitados de interpretación. Los indicadores no son más que eso: indicadores. No están libres de toda duda y al margen de cualquier contexto. No sería una mala conclusión de todo esto si concluyéramos que la ciencia es algo más complejo de gobernar de lo que suelen pensar sus gestores menos reflexivos.

Esta constatación de que hay una dimensión de incertidumbre que ninguna cuantificación puede nunca eliminar invita a manejar nuestros sistemas de evaluación respetando dos principios fundamentales: la reflexividad y el pluralismo, que responden al procedimiento mediante el cual los sistemas inteligentes se enfrentan a la complejidad.

En primer lugar, se impone hacer un uso reflexivo y crítico de los indicadores y la evaluación. Del mismo modo que los datos no hacen superflua la interpretación, las evaluaciones no sustituyen completamente a las decisiones políticas. La tendencia a delegar en los evaluadores decisiones políticas (objetivos, criterios, equilibrios...) sobrecarga a los evaluadores. Las evaluaciones sirven para determinar en qué medida se han alcanzado los objetivos propuestos, pero no definen esos objetivos.

La cuestión de los criterios de evaluación debe ser objeto de una permanente discusión pública. La reflexión en torno a la pertinencia de nuestros procedimientos de evaluación sólo puede tener lugar dentro de una discusión acerca de nuestros valores en relación con la actividad científica. Es lógico que en este debate haya cuestionamientos y críticas, que sirven para impulsar la reflexividad de la evaluación; una evaluación reflexiva es aquella que se conduce consciente de sus límites y paradojas, acompañada siempre por una interrogación acerca de sus posibles efectos y ponderando sistemáticamente sus propios criterios. Se trata de examinar críticamente y convertir en objeto de debate público los criterios por los cuales se audita la investigación.

La cuestión fundamental que debe presidir esta reflexividad es saber si con el instrumento de la evaluación alcanzamos el fin de asegurar la calidad científica. O dicho de una manera provocativa: ¿podemos inventarnos indicadores de la calidad de la investigación que logren darnos más de lo que esperamos de la ciencia, o sea, que nos proporcionen más innovación y menos «ciencia normal» asegurada?

El otro instrumento del que disponemos para facilitar el reconocimiento de la innovación científica es la pluralización de los criterios de calidad. Hay un amplio ámbito de investigación para cuya valoración no siempre disponemos de indicadores cuantitativos, por lo que los pares no tienen más remedio que ponderar otros criterios de juicio. Los criterios de la comunicación a corto plazo entre especialistas son insuficientes para juzgar la validez en nuestras materias. Una posible solución es pluralizar los criterios en la línea sugerida por ciertos expertos, a la manera de radar que incluya cinco ámbitos: ciencia y conocimiento certificado; educación y formación; innovación y profesionales; política pública y cuestiones sociales; colaboración y visibilidad (Spaapen / Dijstelbloem 2007). Se trataría, por tanto, de pluralizar los criterios con los que juzgamos la calidad de la investigación en lugar de confiarlo todo a unos pocos valores suministrados por unos pocos especialistas.

Así pues, el problema de las listas, los indicadores y los *rankings* es que haya tan pocos. ¿Por qué no pensar que la solución al problema planteado está en diseñar una pluralidad de valores que responda a la pluralidad de ciencias, perfiles y centros en los que se desarrolla esa «lucha de las facultades» que para Kant constituía el verdadero diálogo de los saberes?

III

CIUDADANÍA DIGITAL

13

¿De quién es el conocimiento en el mundo digital?

Las polémicas acerca de la propiedad intelectual se refieren a un hecho de una gran complejidad e implican problemas económicos y jurídicos a los que no es fácil dar una respuesta rotunda. Pero tal vez no esté de más comenzar por el principio y saber de a qué nos referimos cuando hablamos de conocimiento porque hay muchas propuestas cuya rotundidad se debe a que apenas se ha reflexionado sobre su naturaleza. Sólo entonces podemos determinar el impacto de internet en nuestras prácticas cognoscitivas. Tengo la impresión de que, siendo una tecnología revolucionaria en muchos aspectos, internet no ha producido algo completamente distinto de lo que ha sido siempre el saber humano.

Lo que hace internet es potenciar enormemente la capacidad generativa, pública y abierta, que es una propiedad general de nuestro conocimiento. Una red basada en «contenidos generados por los usuarios» desdibuja la distancia entre creadores y consumidores. Las virtualidades de un sistema semejante se deben al hecho de que no filtra las contribuciones de una audiencia amplia y variada. Si actuara de otra manera, dejaría de satisfacer las expectativas de los usuarios y perdería su potencialidad. El problema consiste en cómo hacer compatible la protección de los creadores con el hecho de que una cultura libre tiene que estar lo menos controlada posible por los que crearon, es decir, por el pasado.

No hay un sistema generativo sin una cierta falta de control.

Tenemos que aclarar en qué consiste el conocimiento si es que queremos protegerlo. Y las dos propiedades más elementales del conocimiento podrían formularse de la siguiente manera: casi nada es absolutamente original y casi nada carece absolutamente de originalidad. Conocer es un acto creativo, que da origen a algo nuevo, y, al mismo tiempo, una recombinación de elementos que ya existían. No hay lo uno sin lo otro y quien no entienda ambas propiedades no podrá ofrecer ninguna solución razonable a los problemas que plantea la propiedad intelectual, la democratización del saber o la protección de la creatividad. ¿Cómo se puede explicar esta paradoja?

Que casi nada es absolutamente original quiere decir que el conocimiento es por lo general una recombinación. Las creaciones humanas no salen de la nada, ni las obras de arte ni las explicaciones científicas. Todas presuponen, en mayor o menor medida, elementos que ya existen. Con esto no quiero minusvalorar la creatividad humana, sino mostrar sus límites. Recombinar es una actividad que exige no poco ingenio. Generalmente una recombinación es una creación porque expresa la capacidad individual de relacionar elementos que nadie había relacionado hasta ahora o no de este modo. El ejemplo más claro de esta limitación de nuestra capacidad de innovar es que cuando inventamos nuevos monstruos, esos *aliens* se parecen demasiado a criaturas conocidas (como puede comprobarse en el universo cinematográfico, poblado de extraños que, en el fondo, nos resultan muy familiares). Los monstruos son demasiado humanos. Es normal que así suceda porque algo absolutamente extraño no sería reconocible como tal. Si algo fuera completamente inaudito no podríamos oírlo. La creatividad generalmente no existe más que como modesta variación, pese al tono inaugural con que se presenta. También podríamos ilustrar lo limitada que es nuestra capacidad de innovación si reparamos en lo poco originales que suelen ser las cosas que se presentan como las mayores transgresiones. Los provocadores suelen hacer todos lo mismo.

El otro aspecto paradójico de nuestro conocimiento es que casi nada carece completamente de originalidad. Si antes decía que crear de la nada no es humanamente posible, ahora afirmo que copiar es, en el fondo, igualmente imposible (la reproducción de música, por ejemplo, no sería un caso de copia, sino de reproducción de originales, que es algo bien distinto). Toda persona reinterpreta el conocimiento o aplica las normas recibidas de un modo original e impredecible. Hasta el individuo menos dotado es un pequeño creador, aunque sólo sea porque su copia representa una versión peor de lo copiado y aquí su impronta personal se pone de manifiesto a través de sus limitaciones a la hora de copiar.

Con esto no estoy defendiendo, por supuesto, a quien copia para hacer un negocio o aprobar un examen, sino que llamo la atención sobre el hecho de que no hay creación sin recombinación, ni autenticidad sin una cierta imitación. El conocimiento es ambas cosas, recombinación y creatividad. En la medida en que el conocimiento es creación de una individualidad, resulta incomunicable (y aquí limita con la lírica o con lo místico, como diría Wittgenstein); en la medida en que es recombinación, nos permite comunicar remitiendo a lo que todos de alguna manera ya sabían. El conocimiento no puede ser más que libre, público y compartido. Una vez que el conocimiento se formula, pasa a estar a disposición de cualquiera para una futura recombinación y creación, es decir, para dar lugar a nuevos conocimientos.

Pensemos en cuál es la razón que nos lleva a compartir nuestro conocimiento con otros, a hacerlo público y comunicarlo. Quien sabe o ha creado algo generalmente suele estar interesado en darlo a conocer y la red ha posibilitado esa difusión de una manera fácil, instantánea y con un crecimiento exponencial. Esto no justifica ciertas formas de apropiación, como el plagio; pone de manifiesto que el conocimiento resulta posible porque hay tradiciones o comunidades de aprendizaje, y está para ser compartido. La frontera entre la apropiación indebida y la variación creadora será siempre una cuestión disputada y que habrá que volver a trazar, también en función de las nuevas posibilidades tecnológicas.

Todo lo cual nos permite concluir que tenemos que aprender a sobrellevar una cierta anarquía epistemológica. Es cierto que asistimos a una profusión legislativa en torno al *copyright*, las patentes y la propiedad intelectual, al tiempo que aumentan las restricciones de acceso, la vigilancia electrónica y las sanciones legales para distribuir información sin autorización. No me cabe ninguna duda de que tenemos que seguir avanzando en esta dirección, pero me gustaría advertir sobre las limitaciones de las reglas en todo cuanto tiene que ver con el conocimiento, su promoción y protección.

En primer lugar, la promoción regulada del conocimiento es algo que sólo resulta eficaz en un nivel muy elemental. No hay reglas cuyo cumplimiento asegure la generación de conocimiento, del mismo modo que la innovación no resulta automáticamente de su planificación (más bien al contrario). Ni siquiera los sistemas educativos mejor intencionados producen siempre el resultado pretendido. La educación requiere espacios poco reglamentados; nuestros mejores descubrimientos han tenido lugar en entornos desordenados.

También es limitada la capacidad de proteger el conocimiento sin dañar al mismo tiempo su carácter de bien público. Sin una cierta anarquía informativa, normativa y política resultaría imposible la sociedad abierta y democrática en la que vivimos. En el caso concreto de internet, anarquía significa que la red está en principio abierta a cualquier uso (y abuso), como ocurre con todo sistema de inteligencia distribuida.

Si alguna propiedad hace de internet un instrumento fabuloso de conocimiento es el hecho de que corresponde y potencia el carácter caótico de nuestro modo de conocer. En el fondo, no estamos ante un problema tecnológico, sino ante un dilema general de la condición humana: el equilibrio entre creatividad y control. Cualquier tecnología plantea nuevos desafíos y nos obliga a formular una nueva articulación de dos principios que nunca van a terminar de llevarse demasiado bien.

14

Espiarnos a nosotros mismos

Es lógico que estemos indignados (tal vez no lo suficiente) por el escándalo del espionaje, pero lo que no deberíamos estar es sorprendidos, como si acabáramos de descubrir que éramos observados. Tenemos derecho al enfado, por supuesto, pero no al asombro, porque ya deberíamos estar avisados de que esta era la lógica de internet. Nuestra reacción se merece aquel reproche de Nietzsche hacia quienes se pasan la vida sorprendiéndose al descubrir cosas que previamente habían escondido.

Hemos trabajado durante tanto tiempo sin saberlo en la producción de estos datos –Google nos ha llevado a las webs correctas, Amazon a los libros que iban a gustarnos, Facebook a los amigos que debíamos tener– que resulta asombroso que nos hayamos sorprendido con las revelaciones que hizo Edward Snowden el año 2013. Muchas personas, en los ámbitos más diversos, se dedican a recoger enormes cantidades de datos y a tratar de extraer conclusiones de ellos. ¿Por qué no se les iba a ocurrir algo parecido a los servicios secretos? No deberíamos asombrarnos de que los servicios secretos se hagan con todos los datos que puedan. Sería absurdo esperar lo contrario, que no agoten lo que es técnicamente posible, como también lo sería el que con ello no se suscitaran fuertes críticas. Hay procedimientos delictivos para hacerlo, sin duda, pero es también algo más banal, el mero estudio de determinadas correlaciones que, en principio, están al alcance de todo el mundo. Pueden saber mucho de nosotros sin necesidad de hacer nada ilegal, examinando simplemente el rastro que hemos ido dejando. En la red recoge datos todo el que técnicamente puede hacerlo, tantos como es técnicamente posible y acerca de todos los que técnicamente no pueden impedírselo. No hace falta ser un profeta para asegurar que la recogida de datos se va a incrementar, bajarán los costes de almacenaje y serán más poderosos los instrumentos de análisis.

Este desconcierto al comprobar que nos espiaban se produce porque estábamos todavía en medio de la resaca de una precipitada celebración, que congregaba a muy variados festejantes en torno a diversas posibilidades prometedoras de internet. Unos se alegraban de que cualquiera podía expresar su opinión sin permiso de los directores de periódico o publicar un libro sin tener que someterse al filtro de los editores; otros aseguraban que la ciudadanía estaba a punto de despedirse de los partidos, las instituciones y sus representantes; hay quien celebraba la muerte de todos los secretos y el advenimiento de la transparencia total; nos creíamos que a partir de ahora íbamos a convertirnos en unos mirones, en unos observadores críticos que no eran vistos, que el saber iba a estar universalmente disponible y que en adelante todo se podría compartir.

Hemos pensado que informarse acerca del tiempo y las noticias, conectarse a una red social, comprar *on line* o enviar mensajes instantáneos era un auténtico chollo. Parecíamos desconocer que de este modo estábamos aportando información a cualquiera. Estar conectado equivale a proporcionar información acerca de uno mismo, de su localización y de sus acciones. Tras el escándalo desvelado por Snowden en torno al espionaje del servicio secreto estadounidense (National Security Agency, NSA), se nos ha hecho patente la cara menos amable de un estado de cosas en cuya configuración habíamos colaborado. Sí, los ciudadanos tenemos mucho que ver con el escándalo del espionaje. En este, no sólo han colaborado diversos gobiernos, sino también los usuarios de la red. ¿En qué sentido podemos afirmar sin exageración que somos espías de nosotros mismos?

Internet es un espacio de autoexhibición, también para el usuario más discreto. Existir en la red es desvelarse en cierto modo, mostrar, a través de los datos, nuestros itinerarios, relaciones y decisiones. Moverse en la red, aprovechar sus virtualidades, implica establecer una serie de relaciones de dependencia respecto de ella. El ciberactivismo se revela inesperadamente también como una forma de ciberpasivismo.

La lógica de la red implica adquirir posibilidades de comunicación, exhibición y movimiento a cambio de una dependencia respecto de esa misma red. Podemos observar porque al mismo tiempo nos dejamos observar. Por eso internet se ha convertido en una inmensa máquina de vigilancia. Me refiero a los fenómenos de censura *crowdsourcing*, de vigilancia regresiva en la que pueden participar los agentes de la red, pero sobre todo a la vigilancia más banal inscrita en su propia lógica. Cuanto más sabemos gracias a la red más sabe ella acerca de nosotros. ¿O es que alguien se creía que esto era totalmente gratis? El contrato digital implícito consiste en que extraemos y aportamos información. Alimentamos la red con nuestras acciones cotidianas y las huellas de lo que visitamos, a través de las cuales estamos haciendo aportaciones, voluntarias e involuntarias, al tráfico global de datos. No hay en internet ninguna operación que no sea archivable, es decir, identificable. Hasta la comunicación más cifrada deja huellas y se puede reconstruir. Internet es el ámbito de los rastros y las pistas, en el que nada se pierde o desdibuja con el tiempo, ni se oculta tras un espacio reservado. Se registran las consultas de Google, se archivan todas las interacciones de Facebook. Con el uso de la red se está produciendo un gigantesco intercambio de datos entre los usuarios y los servidores. Hasta el espía deja huellas y personas como Snowden las rastrean con el propósito de impugnar o dificultar esa vigilancia.

Por eso se podría incluso sostener que el caso Snowden y el de Bradley Manning, en tanto que revelación de secretos, son una muestra de la capacidad autorreguladora de la democracia, un sistema político que sólo es posible allí donde termina por conocerse el trabajo de los servicios secretos... y el mensajero sobrevive. ¿Cabría imaginarse una revelación semejante en Rusia o China?

Frente a quienes han exagerado sus posibilidades democratizadoras, ahora sabemos que internet es más un bazar que un ágora. El negocio de la elaboración de perfiles (*profiling*) lo atestigua. La red es un gran mercado de información acerca de los hábitos de los consumidores, un continuo sondeo de marketing. Las opiniones, los gustos, los deseos y la propia localización geográfica de los usuarios son recopilados pacientemente por una serie de empresas que hacen de esos datos su propiedad privada. Al nutrir las bases de datos, el usuario aumenta el valor de las empresas que le ofrecen sus servicios de forma aparentemente gratuita, les permite conocerle mejor y suministrarle aquello que (cree que) necesita. Si colaboramos tan plácidamente en este rastreo sobre nosotros mismos es porque todo tiene un aspecto ideológico anarcoliberal, dando a entender que el cliente es el que manda y que es cortejado por todo el mundo para adivinar y satisfacer sus necesidades. Lo que ha hecho Snowden es mostrar cómo esa observación no sólo servía para satisfacer los deseos de los consumidores, sino para gestionarlos estratégicamente de acuerdo con objetivos políticos. Por eso no es una casualidad que las grandes empresas de internet y los gobiernos estén colaborando, unos por el negocio que esos datos representan y los otros en nombre de la seguridad o de sus intereses geoestratégicos.

Probablemente estemos entrando en una segunda era de internet, en la que ciertas ingenuidades se desvanecerán y que deberá hacer frente a determinados riesgos. Se agudizarán los conflictos entre libertad y control, gobiernos y ciudadanos, proveedores y usuarios, entre transparencia y protección de datos, a los que deberemos dar una solución equilibrada; habremos de regular fenómenos como «el derecho al olvido», la privacidad y la voluntariedad en la puesta a disposición de datos; se inventarán sin duda nuevos procedimientos de protección y encriframiento, pero también nuevas regulaciones jurídicas y nuevas formas de diplomacia y cooperación.

No desaparecerá el espionaje, pero tendrá que ser más respetuoso con la legalidad y, sobre todo, más inteligente. Y es que al final espiar no sirve tanto porque no hace innecesarias las tradicionales relaciones de confianza que permitían una puesta en común de información que ahora aparece dañada. Entre otras cosas, debido a que la cantidad enorme de datos debe ser procesada e interpretada; acumular datos ilimitadamente puede ser un obstáculo para hacerse con la información deseada. Espiar a demasiados es un presagio de que no se tiene ni idea de lo que está pasando. Hace mucho tiempo que los servicios de inteligencia reconocen que cada vez se trata menos de recopilar datos como de mejorar los filtros. El sociólogo Niklas Luhmann (1968) decía que la confianza es el principal reductor de la complejidad, pero da la impresión de que en la NSA no se lo han leído. Por eso sigue circulando entre ellos el chiste según el cual «aquí sólo creemos en Dios; a todos los demás los espiamos», o sea, que espían a demasiados. Lo que Barack Obama podía saber llamando directamente al teléfono de Angela Merkel es más que lo que puede obtener pinchando su teléfono y socavando así la confianza entre ellos. La construcción de la confianza es nuestro gran desafío, también y principalmente en lo que se refiere a la seguridad. El mundo es demasiado complejo como para ser observado desde un solo punto; espiar es también confiar en quien se lo merece y repartirse el trabajo de vigilancia.

15

La reinvención de lo privado

Dada la gran cantidad de datos que continuamente se recogen y analizan, apenas podemos hacernos una idea de cuánta esfera privada perdemos y hasta qué punto nos hemos convertido en algo público. El mundo de los *Big data* parece amenazar nuestra autodeterminación informativa y nuestra privacidad o, al menos, nos obliga a pensar y defender lo privado de una manera diferente a como solíamos hacerlo.

Hasta ahora, no todo lo que se hacía público permanecía siempre como tal; lo visto, las acciones y las opiniones eran algo pasajero, que podía caer en el olvido si no había una intención expresa de inmortalizarlo de alguna manera. En internet las cosas son de otra manera y no hay nada perecedero. Esta persistencia de los datos es lo que permite que nuestras huellas se registren, sean observadas por muchos y puedan analizarse en correlaciones complejas. Estamos bajo una constante supervisión: cuando usamos nuestra tarjeta de crédito o hablamos por el móvil, Google conoce nuestros hábitos de navegación y Twitter sabe lo que pensamos. Esta es la razón por la que se dispara la sospecha de control y manipulación, aunque no vivimos en un panóptico desde el que una instancia central observa con determinadas intenciones, sino más bien en un panóptico generalizado en el que hay muchos puntos de observación (algunos más privilegiados que otros, por cierto) que miran con diferentes intenciones difíciles de anticipar.

Con el análisis de esta gran cantidad de datos se pueden hacer muchas cosas positivas como salvar vidas, mejorar la salud o la seguridad de las personas, organizar el tráfico o comprar los billetes de avión más baratos. Los algoritmos predicen la verosimilitud de tener un infarto, dejar de pagar un crédito o cometer un atentado terrorista. El análisis de los datos permite prever ciertas cosas y por eso Amazon realiza ya una especie de «venta anticipatoria» para satisfacer nuestros deseos antes de que los formulemos, al igual que otras empresas ofrecen nuestros datos a posibles empleadores antes de que hayamos pensado siquiera en cambiar de trabajo. El equipo de Barack Obama fue capaz de pronosticar el comportamiento electoral futuro analizando los datos de los «estados indecisos» que estaban a disposición de cualquiera. Consiguió conocer dónde vivían los electores más susceptibles de cambiar de opción en las circunscripciones decisivas. Se compuso el perfil más exacto posible de ese tipo de elector y se diseñó una campaña específica para convencerlos, gracias a la cual pudo ganar en ocho de esos nueve estados.

Es comprensible que nuestra primera reacción ante esta realidad sea recelosa. La respuesta lógica consiste en tratar de proteger la esfera privada contra el asalto exterior, estableciendo una demarcación entre el ámbito personal y la esfera pública. Detrás de dicha estrategia hay una concepción muy simple, tradicional, de lo público y lo privado, como si hubiera una clara distinción entre las formas de vida donde uno hace lo que quiere y el espacio público en el que estamos a disposición de cualquiera. Pensamos en círculos concéntricos en cuyo interior está el ámbito de la afectividad y la idiosincrasia, de la familia y los amigos, la inmediatez donde somos lo que realmente somos, mientras que la sociedad sería el círculo exterior donde rigen reglas universales y estamos sometidos a las convenciones y el anonimato, cuando no a la simulación y la inautenticidad. Tenemos una idea de lo privado como aquello que no está al alcance de los demás, de lo incomunicable e inaccesible, algo completamente distinto de lo social. Esto es una privacidad que podríamos denominar 1.0, cuya reivindicación y defensa en el mundo digital carece de sentido. E incluso podríamos estar añorando un tipo de privacidad que en realidad no ha existido nunca (salvo, tal vez, en el espacio abigarrado y anónimo de las ciudades), como puede atestiguar cualquiera que tenga una experiencia de vida en el mundo rural, donde hay unas instituciones de control que para sí quisieran los sistemas totalitarios.

Hay razones, por tanto, para suavizar nuestras reticencias y no ponérselo tan fácil a la crítica, pues estamos ante un fenómeno más complejo cuyo dilema central podría quedar formulado así: ¿cómo protegemos la privacidad en una sociedad compuesta por individuos a los que les compensa «entregar» sus datos? No me refiero a aquellos datos cuyo uso sería ilegal, sino a los que son de disposición pública: cada vez dejamos más datos en el ciberespacio acerca de nuestra salud a través de las *apps* mediante las que nos monitorizamos, se puede reconstruir nuestro movimiento a partir del teléfono móvil, gracias a los navegadores que usamos también se nos puede localizar, nuestro consumo deja un rastro mediante el cual puede adivinarse buena parte de nuestra identidad... Seguramente no queremos ni podemos renunciar a la cantidad de sensores y sistemas de medida con los cuales se elabora el universo de datos en el que vivimos y del que nos servimos para innumerables tareas. Las generaciones de los nativos digitales no ven la práctica de dejar huellas en la red como una anomalía, sino como una ampliación de la propia persona.

Lo interesante del asunto es que esos datos no son huellas que hayamos dejado involuntariamente. Michel Foucault (1975) decía que el poder lo tienen quienes observan y callan, no aquellos que dan información acerca de sí mismos. Pero precisamente esta es una de las conductas más habituales en la red, en la que informamos acerca de nuestra localización, nuestras opiniones y costumbres.

Puede que ciertos objetivos como la autodeterminación informativa o la protección de la esfera privada, tal como los hemos entendido hasta ahora, se hayan convertido en figuras anacrónicas, en la medida en que no permiten formular denuncias contra el Estado o contra terceros, desde el momento en que hemos configurado ciertas formas de vida sincronizadas en la nube e internet que, más que un lugar de descargas, es un espacio en el que colgamos información.

De hecho, buena parte de los procedimientos para proteger legalmente la privacidad son poco eficaces. Suelen mencionarse a este respecto el consentimiento individual, la opción de salirse y la anonimación. Lo primero tiene poco sentido cuando se trata de datos de cuya puesta a disposición de otros no fuimos conscientes y, por tanto, no hemos podido dar nuestro consentimiento. Además, lo decisivo, lo que tiene valor, es el llamado uso secundario de esos datos, que tiene lugar después de que se hayan recogido, y nadie pudo dar entonces su consentimiento para algo que no estaba previsto hacer. Por ello, la protección de la privacidad descansará menos en el consentimiento individual que en la responsabilidad del usuario. La opción de salirse es de una eficacia limitada porque incluso borrar los datos suele dejar alguna huella. Y la anonimación de los datos no siempre funciona bien; tendría sentido en un entorno de datos escasos, pero el mundo de los *Big data*, donde se capturan y se recombinan cada vez más datos, facilita la reidentificación.

Las posibilidades tecnológicas nos sitúan ante capacidades y amenazas inéditas. El mundo de los grandes datos nos introduce en espacios salvajes, apenas sin colonizar, como el de la prevención, que amplía la capacidad de combate contra las enfermedades y fortalece nuestra seguridad, pero hay quien puede caer en la tentación de penalizar en virtud de la mera propensión o hacer un uso poco razonable de la sospecha, por ejemplo, hacia ciertos grupos de población (lo que ya ocurre en los seguros médicos y de enfermedad o en el trabajo de la policía). El espacio de la privacidad es precisamente uno de los más afectados por estas nuevas posibilidades de conocimiento anticipatorio. El género humano tiene una experiencia de milenios en cuanto a cómo observarse los unos a los otros y cómo regular esa observación de manera que no se lesionen derechos fundamentales, pero ¿cómo regular un algoritmo?

Con toda revolución informativa se modifican las condiciones de lo que podemos considerar público y privado, que tienen que volver a ser pensados, junto con lo propio y lo común, la intimidad y los derechos. En la sociedad de las redes necesitamos nuevas formas para institucionalizar las relaciones entre lo público y lo privado. Tenemos que hacerlo porque donde antes había causalidad ahora hay correlación, en vez de espionaje hablamos de monitorización, hemos sustituido los delitos y las enfermedades por las propensiones; lo probable ha sido reemplazado por lo probabilístico. Si la imprenta obligó a la humanidad a pensar en la protección de la intimidad, de la libre expresión o los derechos de autor, el mundo de los *Big data* nos vuelve a poner esas tareas en condiciones no menos difíciles.

16

Algoritmos del gusto

Las páginas culturales de los periódicos son uno de los lugares en los que se ejerce tradicionalmente la crítica. En esas páginas se enjuician los libros, la música, el teatro... Sabemos que con internet han cambiado los periódicos y la irrupción del espacio digital tampoco ha dejado incólume la función de la crítica. Desde hace un tiempo la crítica parece haber dejado de estar en manos de los profesionales. Además de los formatos tradicionales de la crítica, hay una pluralidad de foros, blogs y otras plataformas en las que se produce un denso murmullo de valoración. Donde antes estaban Harold Bloom, Bernard Pivot o Marcel Reich-Ranicki para la literatura, Robert Parker puntuando en la crítica de vinos, la guía Michelin para los restaurantes o los diccionarios oficiales, ahora tenemos a los opinadores de Tripadvisor, las recomendaciones de Spotify y Amazon o los correctores ortográficos que acompañan nuestra escritura. Con la lógica del «me gusta», la gente emite sus juicios sin una cualificación expresa en el espacio abierto de las redes.

Internet es un lugar donde nada está a salvo de la réplica. Las noticias y las opiniones más autorizadas están expuestas al comentario de cualquiera. Nuestros gustos ya no se configuran en el espacio vertical de la autoridad, sino en medio de un griterío donde el juicio de los expertos es una voz más que viene acompañada o rebatida por la opinión de otros expertos, de los conocedores, los aficionados e incluso los simples usuarios. Estando así las cosas, la función de la crítica como quien dictamina acerca del buen gusto, la custodia del canon y la autoridad sobre lo culturalmente valioso parece innecesaria o simplemente suena como algo ridículo. En la lógica de la red cada opinión se encuentra a la misma distancia horizontal –un clic– con independencia de quién sea su autor o de dónde proceda. De este modo se desestabilizan las jerarquías de los medios y sus sumos sacerdotes críticos. El saber experto ya no es algo estático, que se encuentra siempre en un lugar determinado, sino algo que discurre por diversos canales.

Todo esto ha dado lugar a un intenso debate polarizado en dos posiciones enfrentadas: la de quienes anuncian la nueva era de la crítica *on line*, la democratización de la crítica y el gusto (Jeff Jarvis, David Carr) y la de quienes lamentan una pérdida de la soberanía individual (Eli Pariser).

Para los primeros, la democratización es una consecuencia del hecho de que gracias a internet la gente, el público, parece recuperar algo que se le había expropiado y que se comunicaba en los suplementos culturales de los periódicos como una especie de *Boletín Oficial del Estado* (*BOE*) de la cultura. Ya no estamos en los tiempos de la era dorada de la crítica, con autoridades soberanas, construida sobre el abismo entre la crítica y la gente. Cualquiera puede ejercer de juez en asuntos de gusto. A los críticos se les replica en la red, del mismo modo que las posibilidades de comentar las noticias abren un nuevo espacio de contestación, en muchas ocasiones banal, pero siempre con un efecto desautorizador. La figura del comentador introduce un elemento de horizontalidad en un medio que se había construido sobre la relación vertical. El espacio público se ha fragmentado en comunidades de gusto y ya no hay autoridad que pueda imponer un canon de obligado cumplimiento.

Las concepciones negativas de esta nueva época han desplegado un argumentario que va desde la queja ante la banalización hasta las visiones apocalípticas y conspiratorias. En la práctica cotidiana, nuestros juicios de gusto se construyen a través de recomendaciones elaboradas a partir de procedimientos algorítmicos y agregatorios («clientes que han comprado esto, también...»). Las empresas cuyo modelo de negocio depende de acertar con el pronóstico del gusto de la gente invierten mucho dinero en ajustar los algoritmos mediante los que se calcula el interés del cliente de acuerdo con el historial de sus visitas y sus compras. Los bancos de datos configurados por las huellas del comportamiento de los usuarios asumen una de las funciones más importantes de la crítica: orientarles acerca de lo que desconocen y podría gustarles. El agregador no sabe nada del objeto recomendado, sino de las preferencias de los usuarios. El consumidor es el rey al que únicamente se le sugiere sobre la base de adivinar sus preferencias. ¿Hay una muestra mayor de soberanía? Y, sin embargo, ¿puede construirse el buen gusto teniendo en cuenta únicamente lo que ya nos gusta?

Algunos teóricos de la red sostienen que existe algo así como una «burbuja de los filtros» que predetermina nuestra selección, nos invita a sumarnos a la corriente dominante (indicándonos, por ejemplo, cuál es la noticia más leída) o nos sugiere, a través de las redes sociales, con quién podríamos relacionarnos. La *filter bubble* favorece así una conducta adaptativa en materia de atención, relación, gusto y consumo. La burbuja se forma al encerrarnos en el espacio de los semejantes e impidiendo que hagamos descubrimientos significativos, eso que ahora suele llamarse serendipia (*serendipity*) o disrupción. Recuerdo haber escuchado hace tiempo a un diseñador que vendía tapices turcos en Alemania. Preguntado por la inspiración de su diseño, respondía: «Trato de adaptarme a lo que los alemanes consideran que es un tapiz turco». Lo que equivale a decir: «impido así que los alemanes descubran los verdaderos tapices turcos».

Así pues, los filtros construyen y confirman nuestro gusto al mismo tiempo. Se da la paradoja de que siendo un procedimiento por el que otros nos dicen lo que nos tiene que gustar, lo hacen literalmente a nuestro gusto; según lo primero, estaríamos siendo despojados de nuestra soberanía; de acuerdo con lo segundo, todo se haría al servicio de nuestra soberanía. Toda la panoplia de las críticas hacia el funcionamiento de la red se despliega en función de cuál de estas dimensiones le inquieta a uno más.

Las concepciones críticas de internet van desde quienes se lamentan por una lógica que, en vez de ampliar nuestro horizonte, no hace más que confirmar nuestros prejuicios, hasta las visiones apocalípticas que creen haber descubierto, tras este amable cortejo al cliente, una siniestra conspiración. Ni unos ni otros han entendido, a mi juicio, que se trata de un proceso dialéctico y ambivalente, que permite desarrollos futuros donde articular mejor libertad e información. Y parecen olvidar la función de los filtros, sin los cuales no podríamos vivir en un entorno de tanta densidad informativa. No podemos defender nuestra autonomía informativa si no comprendemos la naturaleza de esos filtros y aprendemos a gestionarlos. Otra cosa es que esos filtros puedan mejorar, ser más neutrales o dar a conocer los criterios de su selección. De hecho, los algoritmos con los que se programan han mejorado su capacidad de aprender, de manera que puedan ofrecer novedades, opiniones críticas y perspectivas insólitas. Los actuales procedimientos de recomendación no se apoyan en reglas simples, limitadas a repetir la elección, sino que incluyen cada vez más sugerencias de naturaleza no reiterativa. Tal vez lleguemos un día a diseñar algo así como unas agencias de calificación (*rating*) para los filtros que regulan el tráfico en internet, como se hace

–sin demasiado éxito, por cierto– a la hora de construir la necesaria confianza en el mundo de las finanzas y las relaciones comerciales.

¿Podemos concluir de todo esto que el asesoramiento algorítmico a los usuarios ha hecho innecesaria la crítica en el sentido tradicional? Seguramente, no. De entrada, porque la proliferación de estos procedimientos no significa que la crítica vaya a desaparecer, sino que se ha pluralizado, que hay *más* crítica, no menos, con lo que este incremento significa. Internet ha multiplicado la producción de la crítica; hay crítica sobre cualquier cosa y en una cantidad insólita, de todos los gustos y calidades, de acuerdo con los diferentes nichos del gusto. En esta maraña de valoraciones los medios han perdido su antigua función monopolística, o sea, el poder de regular el acceso al discurso público, establecer los temas y ser los protagonistas del debate. El público ha tomado en sus manos la organización de su propia atención. Pero en este contexto la crítica puede volver a ser lo que una vez fue: el juicio de unos expertos que no se limitan a registrar los gustos dominantes, sino que irrumpen con propuestas inesperadas que no se dirigen a un cliente concreto, sino que aspiran a decir algo con valor universal. De este modo, los críticos podrían verse liberados de la obligación de informar al usuario de lo que en el fondo ya sabe.

17

El derecho a desconectar

En la era de las redes y las conexiones, de los enlaces (*links*) y la instantaneidad comunicativa, la peor tragedia cotidiana es tener que escuchar que el teléfono marcado está desconectado o fuera de cobertura, que alguien tarde demasiado (es decir, dos días) en contestar un correo electrónico. Y la pérdida de conexión equivale a la muerte comunicativa, donde uno queda al margen de las oportunidades vitales. Si experimentamos el fallo o la lentitud en la conexión como un verdadero drama es porque la comunicación inmediata forma parte de las posibilidades que damos por supuestas en una sociedad de la instantaneidad interactiva.

El éxito de la metáfora de la red para describir la sociedad contemporánea se debe a la omnipresente realidad de la conexión. La conectividad es vista como un multiplicador de las actividades y de las oportunidades. El estado de conexión permanente se ha convertido en nuestra normalidad cotidiana. La obligación de estar conectado vale para todos los ámbitos de la sociedad: para el cultivo de la amistad, para la comunicación en la familia, para las organizaciones, la ciencia o los movimientos antiglobalización, para los niños a los que en una edad muy temprana pertrechamos con un móvil.

La conectividad es tanto un imperativo técnico como moral. Se trata de estar siempre integrado, disponible, accesible. No llevamos bien la desconexión porque estamos psicológicamente configurados con la sensación de que nos estamos perdiendo algo, sin argumentos para frenar la multiplicación de los contactos y apremiados por la exigencia de rendimiento continuo. No estar al alcance de los demás o resistirse a ciertas redes es toda una rareza. La conexión ha sido la clave de las oportunidades personales y la fuente de la riqueza para las naciones. La desigualdad digital se ha planteado como un problema de desigualdad en el acceso y no tanto de la capacidad efectiva de hacer algo con tales tecnologías.

Ahora bien, en menos de veinte años hemos pasado del placer de la conexión a un deseo latente de desconexión (Jauréguiberry 2018). Del mismo modo que el ocio y la pereza fueron reivindicados en la era del trabajo o el decrecimiento en medio del éxtasis del crecimiento y la aceleración, han ido apareciendo en los últimos años diversos elogios de la desconexión. Las reivindicaciones de un derecho a desconectar se han venido sucediendo a medida que eran más visibles los inconvenientes y las patologías de la hiperconectividad. Aumentan los diagnósticos que hablan de una verdadera dependencia provocada por el exceso de interpelaciones y la sobredosis comunicativa.

¿A qué se debe este malestar que surge allí donde hasta hace poco celebrábamos una verdadera orgía del contacto y la accesibilidad? De entrada, al hecho de que el imperativo de la conectividad es una forma de poder, una imposición que exige de nosotros disponibilidad continua. El hecho de no responder inmediatamente al teléfono, por poner un ejemplo cotidiano, es algo que ahora debemos justificar. El imperativo de la inmediatez comunicativa se ha convertido en una estrategia de abreviación de los plazos y generación de la simultaneidad, lo que incrementa la aceleración general y la cantidad de cosas que podemos (y debemos) hacer. Pensemos en el teletrabajo, que en pocos años ha pasado de ser una liberación a experimentarse como una maldición. Donde rige la teledisponibilidad permanente, la urgencia se contagia hasta el espacio privado, que ya no resulta protegido por la distancia física.

El exceso de conectividad se vive subjetivamente como una carga porque el impulso de comunicar y expresar nos está situando fuera de todo autocontrol subjetivo. Seguramente hemos traspasado ya el umbral a partir del cual el *networking* se convierte en *overlinking*, la complejidad resulta irreductible y la sensación más habitual es la de estar desbordado. Todo ello ha llegado a provocar una náusea telecomunicativa, una fatiga tecnológica que se traduce en un deseo de desconexión, aunque sea parcial.

Cada vez hay más problemas que tienen que ver con el exceso de conectividad: las decisiones se complican cuando intervienen demasiadas personas e instancias; donde esperábamos una inteligencia colectiva (*crowd intelligence*) tenemos más bien una conducta adaptativa que dificulta la creatividad personal; hay conexiones siniestras que están en el origen de cierta corrupción (entre los poderes políticos, económicos y mediáticos) y que sólo se resuelven desacoplándolos; experimentamos el agotamiento que supone no tener espacios libres de conexión o la obligación de estar siempre localizables... La idea de «enredarse» tiene cada vez más connotaciones negativas, que aluden a la pérdida de tiempo, a quedar entrampado, a una omisión de lo verdaderamente importante.

Frente a este malestar, aumentan las estrategias de desconexión. En primer lugar, las de tipo personal, en la gestión de la propia conectividad. El objetivo sería preservar el propio ritmo en un mundo que empuja hacia la aceleración y defenderse de un ambiente telecomunicacional intrusivo. Algunos reivindican el derecho a hacer una pausa, a no atender todo lo que se nos solicita. Aquí cabe mencionar toda una serie de prácticas de desconexión voluntaria que permiten la desintoxicación informativa, como gestionar la atención y reducir el número de las informaciones a las que se hace caso, o modos de rehusar la comunicación continua, como desconectar el teléfono o el correo electrónico mientras se trabaja. Como decía Gilles Deleuze se trataría de «crear vacíos de comunicación, interruptores, para escapar al control» (1990, 238). La espera, el aislamiento y el silencio, que habían sido entendidos como una pobreza a la que había que combatir, pasan a ser opciones positivas que permiten construir la autonomía personal.

En Francia ha habido recientemente un debate en el que se ponía en cuestión que estar conectado veinticuatro horas fuera bueno para los trabajadores; hay empresas californianas que envían a sus empleados a estancias para curar su exceso de conectividad; se da el caso también de empresas que han prohibido todo correo profesional a partir de cierta hora y durante los fines de semana. Me da la impresión de que estar desconectado es algo que va poco a poco perdiendo algunas de sus connotaciones negativas, que ya no designa una deficiencia comunicativa, sino una práctica voluntaria que puede ser beneficiosa. Tal vez ilustre este cambio de valores el hecho cotidiano de que las vacaciones se hayan convertido para muchos en algo que ponemos bajo la metáfora del «desconectar».

Las estrategias para desconectar pueden agruparse en las de tipo temporal o espacial, según sea la dimensión en que se realizan. Las desconexiones temporales tienen que ver con la recuperación de un tiempo propio en el que el individuo pueda encontrar sus propios ritmos, el sentido de la duración y de la espera, de la reflexión y la atención. Se basan en el descubrimiento, tras décadas de sumisión a la prisa, de que los tiempos propios (de la reflexión, la distancia y la maduración) son fundamentales para construirse a sí mismo como sujeto.

A veces basta con adquirir hábitos elementales como no contestar inmediatamente o ralentizar el trabajo. Desconectar, en este sentido, no tiene por qué significar salirse del tiempo, sino encontrar el propio ritmo y no dejarse imponer unas aceleraciones que son discriminatorias, que no se corresponden con el tiempo que nos caracteriza íntimamente o con el propio de nuestro modo de trabajar (como las exigencias de rentabilidad a los saberes humanísticos, por ejemplo, o un criterio de innovación tomado de las ciencias naturales).

Las estrategias de desconexión espacial consistían en un placer inédito para nuestros antepasados: «la felicidad de estar ilocalizable» (Meckel 2007). Se trata de salir de un ámbito en el que rige el ideal –que termina convirtiéndose en obligación– de transparencia o de reivindicar el derecho a no estar geolocalizable, interrumpiendo dicha función en nuestros móviles y ordenadores.

De hecho, nuestros dispositivos desarrollan cada vez más estas posibilidades de desconexión. Del mismo modo que los coches tienen la posibilidad de desconectar el sistema de conducción asistida o los fusibles saltan en nuestras casas cuando la intensidad eléctrica es excesiva, ya existen aplicaciones que bloquean la tentación de las redes sociales, como AntiSocial, Afirewall o SelfControl, cuando uno no quiere ser interrumpido y pretende aislarse para trabajar durante un tiempo. Igualmente, hay filtros cada vez más sofisticados para proteger a los niños en el espacio abierto de internet. Cabe mencionar en este sentido, como un movimiento contrario al frenesí expresivo de las redes sociales, movimientos como Anonymous, que reflejan el deseo de despersonalizar ciertas intervenciones en la red. O pensemos, sin ánimo de hacer la lista exhaustiva, en el hecho de que la seguridad de las comunicaciones tiene que ver con soluciones que dificultan la accesibilidad a cualquiera, es decir, con estrategias para limitar la conectividad.

¿Cómo equilibrar las ventajas de estar conectado con la libertad de no estarlo siempre ni absolutamente? Propongo pensarlo mediante una analogía con la ciudad y plantearnos como objetivo urbanizar el espacio digital. Los grandes teóricos de la vida urbana (como Georg Simmel, Hans Paul Bahrdt o Erving Goffman), a contracorriente del tópico que exaltaba la cercanía y autenticidad de los pequeños enclaves comunitarios, subrayaron el anonimato que las grandes ciudades hacían posible, la libertad frente al control, la indiferencia generalizada, una cierta desatención, esa combinación de relaciones y privacidad, donde uno puede decidir qué aspecto de la propia personalidad desvela u oculta a los demás. El sociólogo alemán Georg Simmel dijo algo acerca de la ciudad moderna que podría sernos muy útil a la hora de pensar el tipo de interacción que debemos construir con las redes sociales. Llamó la atención sobre el hecho de que las ciudades son formas «débiles» de comunidad y comunicación, en las que es posible una cierta indiferencia frente a las múltiples ofertas de interacción (Simmel 1993). A diferencia de lo que ocurre en el mundo rural, en ellas no es obligatorio saludar a todo el mundo, ni comprar a todos los que nos ofrecen algo, ni considerar como un desprecio que no se fijen en nosotros. En la ciudad es posible ignorar a otros y disfrutar la libertad del ser ignorado por otros, el derecho a la no intromisión, a no ser juzgado.

La ciudad nos enseña muchas prácticas de indiferencia social que pueden ser de gran utilidad para civilizar el espacio digital. La experiencia de la distancia urbana podría ser un modelo para pensar de qué modo disfrutar de las posibilidades de interacción que nos ofrecen las tecnologías de la información y la comunicación (TICs) sin renunciar a las diversas formas de libertad que sólo pueden disfrutarse mediante una práctica de desconexión.

En un mundo en el que la inmediatez y la vecindad son lo habitual, resulta imperativo recuperar el sentido de la distancia como algo que uno debe procurarse para ralentizar el ritmo de la comunicación y la decisión, para sustraerse a la influencia de las opiniones ajenas y pensar por cuenta propia, para decidir uno mismo en su propio espacio y con su propio tiempo. Si en el pasado la distancia era un obstáculo para muchas cosas, hoy es un instrumento que facilita la autonomía personal.

18

Ricos y pobres en datos

La red es un espacio que horizontaliza la sociedad, abierto y descentralizado. Como el mercado, tiene una estructura igualitaria, pero también como el mercado muestra las mismas limitaciones de todo sistema de agregación, entre ellas una peculiar promoción de la desigualdad. No haríamos una descripción cabal de la política de las redes si nos limitáramos a celebrar sus propiedades democratizadoras sin advertir sus riesgos, sus contradicciones, sus límites y los interrogantes que plantea un despliegue todavía abierto. Uno de los primeros interrogantes que suscita la democratización digital tiene que ver con la cuestión de la igualdad, que nos permite hablar de una «brecha digital», así como de pobres y ricos en materia de datos.

Las redes sociales son en principio igualmente accesibles, como los bancos de datos o las posibilidades de reputación en internet, pero tampoco resuelven la cuestión de la igualdad porque, por un lado, no suprimen completamente las desigualdades del mundo analógico y, por otro, ponen en marcha otras específicas de los nuevos medios. Hay diversos tipos de desigualdad digital y unas asimetrías considerables.

Es cierto que los internautas se critican en un espacio horizontal, pero no lo hacen en un contexto de perfecta igualdad, sino en otro que tiene el riesgo de marginar a los silenciosos y a los no conectados. Existe un *digital di-*

vide por el que ciertos ciudadanos son excluidos del paraíso digital de muy diversas maneras: además de por no disponer del *software* o del *hardware* adecuado, por carecer de la formación necesaria para usar las tecnologías disponibles, por incapacidad de encontrar los espacios o el contenido apropiados a sus circunstancias, orientación y experiencias. Seguramente hay un «efecto Mateo» en las redes, de manera que quienes ya están bien relacionados en el espacio físico lo estén también en el espacio virtual. El ciberespacio amplifica las voces de aquellos que ya son aventajados y, frente a las aspiraciones de lograr una profundización en la democracia, internet reforzaría más bien el *statu quo*.

En el universo de los *Big data* hay también lo que podríamos llamar ricos y pobres de datos. Esta diferencia tiene sus causas, por un lado, en la desigualdad que se refiere a la producción de datos, a su utilización e interpretación, y por otro, en relación con la reputación, valorización y visibilidad que estos medios realizan.

De entrada, si examinamos el manejo de los datos, el entusiasmo que rodea actualmente el tema no debería llevarnos a la ilusión de pensar que todos tenemos el mismo acceso a ellos. Que los bancos de datos sean públicos no quiere decir que todos tengamos la misma capacidad de gestionarlos. El actual ecosistema de los *Big data* provoca una gran desigualdad, aunque se trata de una pobreza y una riqueza diferentes de las que se decidían por la posesión material de las cosas. Hay tres clases de personas en relación con los bancos de datos: quienes los producen, quienes tienen capacidad de almacenarlos y quienes saben cómo valorarlos. Este último grupo es el más pequeño y el más privilegiado. Quienes forman parte de él son los que determinarán también las reglas según las cuales se usarán los *Big data*, quién participará y quién no.

Por otro lado, los algoritmos, que en apariencia se limitan a registrar la reputación, también son fuente de desigualdad. Los algoritmos se proponen calcular la verdadera naturaleza de la sociedad, sus gustos, valoraciones y estimaciones, a partir del comportamiento de los internautas. Quienes los diseñan parten de la idea de que las noticias no deben ser elegidas por los periodistas, no son los políticos quienes establecen la agenda política, la publicidad no debe ser la misma para todos y las categorías de pertenencia tradicional representan mal a los individuos. Se trataría de un procedimiento que registra la reputación a partir del movimiento de los internautas y, de este modo, nos liberaría del paternalismo de los prescriptores. Nos aproximaríamos a un mundo sin prejuicios ideológicos, racional, emancipado de la subjetividad de quienes lo gobiernan. En su versión economicista, los liberales defienden la capacidad de la sociedad de autoorganizarse, confiando al mercado la tarea de reflejar lo que los estados deforman; en su visión libertaria, estaríamos ante un mundo articulado por la agregación de la multitud sin autoridad central. Lo que unos y otros parecen desconocer es que, de este modo, reproducen también las jerarquías y desigualdades que habitan en dicha sociedad.

Como es bien sabido, los algoritmos del *Big data* registran, prescriben o jerarquizan únicamente en virtud del rastro que dejamos con nuestros comportamientos pasados y, en este sentido, pueden reclamar para sí un respeto absoluto por nuestras decisiones libres, a las que no condicionan. En teoría se trata de una técnica que parte del principio de que cada uno puede escoger libremente sin paternalismo ni prescriptores. Sus defensores apelan a la redescripción de la sociedad sin prejuicios ideológicos, intereses o programas. Pero esta pretensión no deja de tener su efecto ambiguo también en lo que se refiere a la cuestión de la igualdad. Es una paradoja el hecho de que, en un momento en el que los internautas se consideran a sí mismos como sujetos autónomos y liberados de las prescripciones tradicionales, los cálculos algorítmicos nos condenen, por así decirlo, a no escapar de la regularidad de nuestras prácticas, como si estuviéramos atrapados por nuestro propio pasado y fuéramos incapaces de modificarlo, incluidos nuestro pasado y presente que son tan poco igualitarios. Esta es la raíz del conservadurismo implícito en el *Big data*. Los algoritmos, supuestamente neutrales, que se presentan como meros reflejos de los gustos y elecciones de la gente, que no pretenden sino identificar los comportamientos de los internautas, reproducen automáticamente la estructura social, sus desigualdades y discriminaciones.

Por otro lado, los algoritmos concentran la atención en unos pocos y sobrevaloran a los bien posicionados. Los individuos no disponen de los mismos recursos sociales y culturales para beneficiarse de los espacios de valorización de sí. La red proporciona a los mejor dotados unos mayores medios de enriquecer su capital relacional y de acceder a más recursos y oportunidades. Además, los propios datos son desiguales y quien los interpreta ha de distinguir entre aquellos producidos por cualquiera (en la medida en que uno va dejando huellas de manera involuntaria) y aquellos que han sido lanzados por instituciones que tienen una intención de ganar reputación o que compiten expresamente por la atención del público. El mundo visto por Google es un universo meritocrático que confiere una visibilidad desproporcionada a las páginas web más reconocidas, exacerbando así las desigualdades. Asistimos a una concentración de la atención en torno a ciertas informaciones que adquieren una gran popularidad, repentina y breve, en virtud de los efectos de coordinación que orientan al público hacia determinados productos. La fabricación de la popularidad viral privilegia el mimetismo y la obsolescencia.

El espacio de internet y la dinámica puesta en marcha por las redes sociales ha desestabilizado la verticalidad del mundo analógico. Sigue habiendo, no obstante, ricos y pobres en el mundo digital. Tanto porque las desigualdades tradicionales son muy resistentes como debido a que la arquitectura de internet y los *Big data* plantean asimetrías específicas, todavía podemos constatar que hay unos más iguales que otros.

19

¿El final del trabajo?

Cuando se debate acerca de los efectos de la automatización en el mundo del trabajo, hay quienes anticipan su desaparición, ya lo presenten como una buena o una mala noticia. Pero la idea de que el trabajo sería abolido ha sido desmentida continuamente en la historia. La automatización total, el «gran reemplazamiento tecnológico», no tendrá lugar. El actual capitalismo de las plataformas agita el espectro de la automatización para disciplinar la fuerza de trabajo y desvalorizarla. No habrá sustitución, sino algo que podría ser todavía peor, y los oficios serán reemplazados por tareas simples y externalizadas en granjas de clics (Casilli 2019) donde se repiten las lógicas de explotación colonial sobre las redes sociales. A mi juicio, no se trata de un reemplazamiento, sino de una transformación; habrá menos disrupción que continuidad; el cambio no será cuantitativo (el número de puestos de trabajo), sino cualitativo (la naturaleza del trabajo demandado). Lo que va a tener lugar es una digitalización de las tareas humanas, una delegación de un número creciente de tareas productivas a no-trabajadores (o trabajadores no remunerados ni reconocidos como tales).

Hay que reconocer, en primer lugar, la gran cantidad de trabajo inscrito en la misma automatización. Se está operando una nueva división internacional del trabajo digital por la que se forman cadenas de deslocalización que nos obligan a mirar la automatización de otro modo:

no se sustituye a los trabajadores humanos por robots, sino por otros trabajadores humanos (ocultos, precarios y peor pagados). Frente a cierta retórica dominante, las plataformas no están animadas por usuarios benévolos, sino por proletarios del clic. Lo que tenemos es una «automatización alimentada por los humanos», unos «microtrabajadores» ocultos en las tecnologías que sostienen la inteligencia artificial y que llevan a cabo tareas digitales repetitivas. Como advierte Nick Seaver, «si no ves a un humano en el proceso, tienes que mirar en un proceso más amplio» (Seaver 2018, 378). Cada vez que pedimos a Alexa que ponga nuestra canción favorita nos introducimos en una cadena de procesos extractivos que involucra a las minas de litio en Bolivia, los trabajadores del clic en el Sudeste Asiático, la logística internacional y el análisis de datos llevado a cabo por el Alexa Voice Service (AVS), es decir, un proceso que nos conduce al lugar físico final del consumo de gadgets: todos los centros de análisis de datos terminan en basureros de residuos electrónicos en Ghana, Pakistán y China. Así pues, el trabajo persiste, pero de otra manera: incluso los empleos que tienen un elevado riesgo de automatización ejercen un conjunto importante de tareas y funciones difíciles de automatizar. Como afirmaba la Organización para la Cooperación y el Desarrollo Económicos (OCDE) en uno de sus recientes informes, la posibilidad de automatización de las profesiones actuales está sobrevalorada.

Por otro lado, las tecnologías digitales necesitan nuestro trabajo, el de los usuarios, para llenar el vacío entre una realidad hecha de soluciones informáticas mucho menos satisfactorias de lo previsto y la promesa, continuamente diferida, del advenimiento de máquinas capaces de simular el conocimiento humano. Sabemos bien que, de alguna manera, toda persona abonada a una red social es un trabajador. Me refiero al trabajo no pagado de los consumidores, de los llamados «prosumidores» (*prosumers*), y al contenido generado por el usuario. Los robots no son sustitutos, sino dispositivos que interaccionan con los humanos. Lo que hay que analizar es esa interacción en virtud de la cual las soluciones automáticas son mejoradas por el trabajo humano: quienes intervienen en una red social ejercen una gran influencia sobre los algoritmos, los conductores corrigen las rutas que les sugiere el GPS, los usuarios enmiendan las imprecisiones de la transcripción automática... Y es que los seres humanos contamos con la ventaja, frente a las máquinas, de que podemos tomar decisiones relativamente bien y sin consumir la energía que una máquina requiere. Esta rapidez, de selección y análisis, complementa el rendimiento de las máquinas, que necesita una ingente cantidad de datos (y de energía). Para que las funciones de la inteligencia artificial sean generalizables, para la llamada escalabilidad, es necesario que muchos trabajadores humanos intervengan introduciendo suficientes ejemplos, de manera que los procesos automáticos se enfrenten a una variedad de casos en número suficientemente grande.

Así pues, la automatización no es la hecatombe del trabajo, sino su alteración. Tanto el microtrabajo mal remunerado como el empleo de los datos que los consumidores proporcionan sin remuneración alguna implican una radical transformación del capitalismo, que puede ahora prescindir de la figura del salariado y sus inconvenientes. Como si las reglas para proteger al trabajo y los trabajadores fueran un paréntesis histórico, volvemos a la época anterior al salariado, al destajo, al jornalero, al *sweating system* o economía del regateo. Se está produciendo de este modo una mezcla de tecnología del siglo XXI y condiciones laborales del XIX. El discurso ideológico que trata de inscribir el trabajo digital en un relato emancipador (autoemprendimiento y flexibilidad) pone de manifiesto la capacidad del capitalismo de apropiarse de la crítica del trabajo y convertirla en beneficio. Me refiero a ese discurso que considera el salariado como algo asociado a la jerarquía y la verticalidad, y que trata de convertir el *freelancing* en sinónimo de autonomía y horizontalidad. Pero la flexibilidad no significa que los trabajadores gestionen su carrera profesional como quieran. Para los perdedores de la transformación digital, la flexibilidad extrema no es una elección vital ni un factor de autorrealización.

¿Qué podríamos hacer para humanizar este nuevo entorno laboral y que no suponga un retroceso y una degradación del mundo del trabajo? Las soluciones apuntan en dos direcciones muy diversas: la instauración de derechos, protecciones y normas propias del mundo sindical clásico o la propuesta de retornar al origen de la noción de plataforma frente a la monopolización y privatización de recursos actualmente en marcha.

Una primera estrategia sería, por tanto, el recurso a lo ya conocido: intentar que estos nuevos trabajadores tengan las conquistas sociales asociadas al empleo formal de la empresa (estabilidad, protección, condiciones de trabajo y remuneración...). En las plataformas existe una relación de sujeción como la que caracteriza al empleo asalariado, por lo que podrían exigirse determinadas condiciones de trabajo. Hay movimientos de sindicalización de trabajadores y abonados, así como sentencias que consideran a los trabajadores de Glovo y Uber como falsos autónomos, es decir, como asalariados. Este combate significa una voluntad de reinscripción del trabajo digital en la órbita del salariado. Se trata de una reivindicación que podría valer para los trabajos más similares al empleo tradicional, pero difícilmente puede incluirse en la lucha sindical el trabajo digital menos manifiesto. Tiene también grandes límites para tomar en consideración la dimensión global del trabajo digital con sus estrategias *offshoring* a través de las plataformas. La instauración de protección social en un solo país no haría sino desplazar el problema, especialmente en aquellas actividades más fácilmente desplazables.

Otra solución que me parece más compleja, pero también más prometedora, consiste en concebir de un modo original la economía del bien común en la relación entre el usuario-trabajador y las infraestructuras de recogida y tratamiento de datos. Se trataría de volver a la filosofía originaria de las plataformas y darle un giro cooperativista, defendiendo la propiedad colectiva de los medios digitales de producción, aspirar a una economía sin monopolios, en la línea de lo que fue la tradición del movimiento mutualista (Scholz / Schneider 2017). Los datos, recursos fundamentales de la economía de las plataformas, deberían ser entendidos como contribuciones individuales a un «dominio común informativo» (Maurel 2015). ¿Cómo compartir los frutos del trabajo de producción de datos? Hay quien plantea organizar los mercados de reventa de los datos personales de manera que sea recompensada en términos económicos la «involuntaria» colaboración a la generación de datos que hacemos continuamente con nuestro consumo o movilidad. Esto podría realizarse a través de un salario social digital (Monnier / Vercellone 2016), que no sería un salario base concebido como ayuda social, sino una fuente *primaria* de recursos para los individuos, en nombre de la explotación estructural de la información que tiene lugar en el actual capitalismo cognitivo. Se conseguiría así extender el concepto de trabajo productivo a todas las actividades digitales y el reconocimiento de la contribución de los usuarios a la cadena de creación de valor de la economía digital. Es un debate que hemos de abordar antes de que las cosas se acaben configurando de acuerdo con la presión que ejercen aquellos cuyos intereses no requieren ningún debate para hacerse valer.

20

Cuando el lugar es importante

Una de las paradojas del mundo actual es que no dejamos de movernos cuando supuestamente ya no hace falta ir a ningún sitio. No es necesario desplazarse para comprar, aprender o trabajar, pero nadie lo diría a juzgar por nuestra agitada movilidad. Llevábamos tiempo diciendo que ya no había sitios, sino flujos, celebrando la aniquilación del espacio, el final de la territorialidad y la «bagatelización del lugar» (Luhmann 1997, 152), pero cuando una pandemia nos obliga a televivir, la experiencia padecida nos hace añorar el desplazamiento, ya sea para trabajar, para aprender o para cualquier otra cosa.

La pandemia nos ha obligado a realizar una doble experiencia, aparentemente contradictoria: que los lugares no son tan importantes (por eso el confinamiento ha permitido realizar digitalmente una buena parte de la actividad económica del trabajo y la educación), pero que los lugares siguen siendo muy importantes (y de ahí la urgencia de reabrir los espacios de trabajo y los centros educativos). Haber tenido que hacer tan brutal experimento nos ha permitido descubrir qué había de necesario y de superfluo en muchos de nuestros desplazamientos o en la presencia física, y se abrirá una discusión –en nuestras prioridades personales y en la organización de la vida social– acerca de qué es suprimible y qué no de todo ello.

No tengo una respuesta a la cuestión de hasta qué punto se extenderá el trabajo o la educación no presencial, pero sí tengo un criterio. El problema no es trabajar o aprender en un lugar, en otro o en ninguno, sino qué tipo de relación con el lugar es apropiado para qué. Avanzaremos en la digitalización, sin duda, pero convendría que lo hiciéramos sin beatería. El lugar, la presencia, el contacto físico son una realidad persistente de nuestra condición humana, aunque en cada época de la historia y en función de las infraestructuras tecnológicas se lleven a cabo de distintas maneras. Lo importante, ya hablemos de trabajo o de educación, es identificar con criterios de racionalidad y justicia cuándo el lugar importa.

Con la digitalización nos va a pasar algo similar a lo que ocurrió con la globalización; creímos que lo global suprimía lo local y tardamos un tiempo en entender que únicamente se modificaban las relaciones entre ambas realidades. La enseñanza y el trabajo a distancia no hacen innecesarias sus dimensiones presenciales, sino que permiten combinarlas de acuerdo con las nuevas posibilidades, teniendo en cuenta el quién, el qué y el cómo en cada caso. Del mismo modo que se han deslocalizado ciertas funciones y territorializado otras, habrá dimensiones y sectores de la vida laboral cuya digitalización será beneficiosa para todos, otros en los que esto no será posible o conveniente y algunos sobre los que tendremos intensos debates porque hay intereses de por medio que harán especialmente conflictiva esa delimitación, juzgada de distinta manera desde la perspectiva de las empresas, de los trabajadores o de las mujeres.

La idea de irrelevancia de los lugares era propia de la sociedad de la información, pero la sociedad del conocimiento tiene una relación más intensa con el espacio y la presencia. Las condiciones de la instrucción no son las mismas que las del aprendizaje. La información es ubicua; la mayoría de las experiencias educativas requieren, por el contrario, un lugar concreto. Hay que distinguir la información, que es universalmente accesible, de las experiencias que exigen una interacción personal. No daremos una respuesta adecuada a esta cuestión mientras no distingamos entre los diversos tipos de trabajo y educación o entre sus diversas dimensiones. Una cosa es la accesibilidad universal de la información y otra la distribución real del conocimiento, llena de brechas y periferias, del mismo modo que el teletrabajo libera o castiga según los casos.

Los precipitados celebradores de la atopia digital tienden a olvidar que mientras los lugares comunes y públicos nos igualan, los lugares propios nos hacen más desiguales, en virtud del tipo de domicilio, las condiciones de trabajo, las posibilidades de una educación a distancia o el hecho de que uno (una, más bien) tenga personas a su cargo. Si Virginia Woolf viviera ahora, no cifraría en una «habitación propia» la emancipación de las mujeres, sino en los espacios comunes y anónimos en los que poder ocuparse de una sola cosa en lugar de la multitarea habitual que el confinamiento incrementó.

21

La sociedad de las plataformas

Las grandes empresas *big tech*, cuyos valores añadidos brutos (VAB) superan a los productos interiores brutos (PIB) de muchos estados nacionales, están llevando a cabo metamorfosis radicales en la estructura misma de la sociedad. Google, Apple, Facebook o Amazon no son simplemente empresas tecnológicas, sino poderosos agentes de transformación de nuestras sociedades, incluidas sus instituciones y su cultura política. Cuesta encuadrar a estas empresas en las categorías tradicionales de la economía, pero también en los marcos ideológicos que solemos utilizar. Hay quien ha propuesto recurrir a lo que se podría denominar «la ideología californiana» (Barbrook / Cameron 1995) para entender hasta qué punto tienen detrás una insólita confluencia de diversos ingredientes culturales. Silicon Valley no se explica sin el modelo cibernético y su ideal de autorregulación, que conecta con los movimientos antiautoritarios de la década de 1940 (que interesaron, curiosamente, al llamado «complejo militar-industrial»), el ideal de emancipación de los años sesenta y la nueva economía de finales de los noventa. El programa de Silicon Valley no encaja en los habituales antagonismos políticos (del tipo izquierda-derecha) porque combina un libertarismo que, en ocasiones, adopta formas paternalistas, los modos de trabajo antijerárquico y las formas tradicionales del capitalismo. Empresas como Google o Facebook afirman que, al conectar a unos individuos con otros, hacen que el mundo sea mejor. Es lo que se podría llamar una política «conectivista» (Turner 2013). Como los neocomunitaristas, imaginan un mundo sin jerarquía ni burocracia y desprovisto de política. Siendo de entrada seductor, este planteamiento hace desaparecer, con la política, la capacidad de negociar explícitamente las condiciones de la convivencia, abandonadas a la espontaneidad social. Una sociedad de plataformas nos obliga a repensar el significado de la igualdad, la supuesta neutralidad de la tecnología y los efectos de la despolitización.

En la historia de las luchas sociales, la indiferencia respecto del origen ha jugado un papel decisivo en la conquista de los derechos civiles. El algoritmo realiza una inflexión particular de esta pulsión igualitaria: mide y evalúa, pero no juzga; no le importa saber qué tipo de objetos maneja. Ya no hay diferencia entre lo significativo y lo insignificante; lo único que cuenta es lo que puede ser calculado y una vez que se ha convertido en algo calculable. Queda así radicalmente separado lo material del contenido, la sintaxis de la semántica. Quienes gestionan las plataformas son como los copistas de la Edad Media, que cuanto menos comprendían lo que estaban reescribiendo, menos tentados estaban de intervenir en el contenido.

Del mismo modo que Max Weber invocaba el espíritu protestante del capitalismo, podría hablarse tal vez de un espíritu igualitario de los datos. Ahora bien, se trata de un igualitarismo muy específico porque no se lleva a cabo por inclusión, sino por abstracción: en vez de una igualdad que tuviera en cuenta la singularidad de cada uno y de cada cosa, este igualitarismo es el de la equiparación, es decir, la abstracción de las características particulares. Se trata de una igualación que produce nuevas rupturas y exclusiones, una «equivalencia sin igualdad» (Zuboff 2018). El algoritmo crea una situación de equivalencia generalizada, lo que permite comparar lo incomparable.

¿Es este el tipo de igualdad que corresponde a nuestros valores democráticos?

El otro gran problema que plantea la sociedad de las plataformas y su divorcio entre el mensaje y su transporte es el de la neutralidad tecnológica. Según esta concepción, cuanto más avanza la tecnología menos interfiere sobre el contenido, dejando así a los usuarios servirse de ella como quieran. La gente asocia la tecnología con algo mágico o neutro, y no es ni lo uno ni lo otro. La idea de que la tecnología es siempre una fuerza benefactora es falsa, tanto porque las tecnologías orientan nuestras prácticas como porque la ilusión de una desmaterialización completa de las tecnologías se contradice con su incidencia en los recursos materiales (la computación en la nube o *cloud computing* se encuentra en algún sitio, muchos artefactos generan residuos tóxicos o requieren componentes que causan conflictos en algún lugar del mundo o tienen un balance energético desastroso).

Detrás de la concepción neutra o necesariamente benefactora de la tecnología hay esa mentalidad ingenieril que sólo se preocupa de que los artefactos funcionen, que generen beneficios, sin atender a su impacto social. Pero tampoco se trata de ver la tecnología como una realidad amenazante; la digitalización no es el problema, sino pensarla y llevarla a cabo como algo que no requiere ningún formato, ningún tipo de intervención «política» expresa. Si seguimos pensando que lo digital no es más que flujos informes, y mientras opongamos las ideas y sus circuitos, seremos incapaces de inventar otros códigos y otras prácticas.

El gran desafío que tenemos por delante es el de resistir a los encantos de la despolitización de nuestras sociedades y superar la inercia de los modos de gobierno tradicionales, no dejarse seducir por el discurso falsamente apolítico o pospartidista y no insistir en unas prácticas que no se corresponden en absoluto con las nuevas realidades sociales. Esta plataformización de la sociedad podría denominarse siliconización del mundo (Sadin 2018). Tim O'Reilly, uno de los oráculos de Silicon Valley, inventor del concepto de web 2.0 y del código abierto u *open source*, plantea pensar el gobierno como una plataforma, o sea, extender el modelo de las aplicaciones comerciales a la administración de las cosas comunes. En nombre de una lucha contra los déficits democráticos y el exceso de burocracia, propone reducir el papel del Estado al de suministrador de acceso y plataforma, sobre la cual la ciudadanía podría definir por sí misma y con toda libertad sus prioridades políticas. Si en un principio han sido los poderes públicos los que han impulsado el desarrollo tecnológico, ahora el movimiento es el inverso: se invita a que el Estado se inspire en las plataformas, a no servir más que de infraestructura supuestamente neutra para las transacciones entre los individuos.

No tenemos todavía los conceptos y las palabras para expresar las infraestructuras tecnológicas en términos políticos. Pero el mero hecho de hablar de «política de las infraestructuras» implica reconocer que todo ecosistema tiene efectos políticos. En cualquier caso, entre la seducción de un mundo despolitizado y la inercia a mantener nuestras instituciones con la vieja cultura política, hay un amplio espacio para pensar el lugar que debe ocupar la política en estas nuevas realidades.

22

Regular la digitalización

La política antimonopolio (*anti-trust*) fue imaginada a finales del siglo XIX como reacción a una ola de innovación tecnológica y de desarrollo económico que iba a transformar profundamente las relaciones sociales y políticas. Hoy en día, a las puertas de una nueva transición tecnológica de consecuencias previsiblemente mayores, la sociedad europea y sus instituciones tienen que actuar en correspondencia. Se ha avanzado bastante en lo que tiene que ver con el ámbito de la vida privada y en materia de protección de datos, pero hay mucho por hacer en lo que se refiere a nuestra vida pública, estructurada ya en buena medida por la digitalización y sus principales actores. Hay un debate creciente sobre la regulación de los «gigantes digitales» que se ha centrado en la cuestión de la fiscalidad y de los contenidos, pero su efecto más disruptivo probablemente se encuentre en otra parte, en su capacidad de configurar el espacio público, en su influencia en el campo de la información y la comunicación, sin que esos actores privados hayan asumido las responsabilidades jurídicas y democráticas que tal magnitud implica. La economía digital probablemente sea el ámbito en el que la dinámica y las consecuencias de la concentración son más estructurales. Algunas de sus características favorecen la constitución de posiciones dominantes y plantean cuestiones económicas y democráticas inéditas.

La dominación que ejercen los gigantes digitales tiene graves consecuencias en la esfera democrática. El carácter estructurante o sistémico de su influencia sobre los mercados revela un dominio sobre la soberanía política y democrática que corresponde a los ciudadanos y a sus instituciones representativas. Dadas las condiciones actuales, la insuficiencia del vigente derecho de la competencia y la inadaptación de los instrumentos de regulación confieren de hecho a los actores privados un poder de definir las reglas de expresión en el espacio público, lanzar su propia moneda o, dentro de poco tiempo, dictar también las políticas en otras materias. No podemos dejar que las plataformas digitales privaticen nuestro espacio público.

El problema inicial viene dado por la diferente naturaleza del tamaño en el mundo analógico y en el mundo digital. En el mundo físico, las economías de escala son negativas a partir de un determinado umbral, pero eso no ocurre en el ámbito digital. Estas y otras propiedades han permitido a las mayores empresas digitales ocupar un lugar preponderante en la economía mundial, en términos de número de usuarios, sectores del mercado y poder financiero, de manera que plantean un enorme riesgo para la competencia, ya que su posición dominante hace dudar de la posibilidad de que emerjan un día otros actores capaces de competir con ellas.

Un problema añadido procede de que en el mundo digital no son eficaces ni la legislación antimonopolista ni el ámbito estatal. La idea de que los monopolios son malos porque suben los precios y perjudican al consumidor ha sido central en la organización del espacio económico analógico, pero ahora nos encontramos con empresas tecnológicas que bajan los precios –algunas incluso son gratuitas, como Google y Facebook– y son excelentes para los consumidores. Una lectura neoliberal de la competencia (la concentración puede beneficiar a los consumidores) ha desarmado a los poderes públicos frente a la emergencia de una economía digital fundada sobre la ilusión de gratuidad para el consumidor. Con esta lógica no se identifica la causa profunda del problema planteado por los gigantes de internet. Su impacto obedece al carácter de monopolio u oligopolio que han adquirido en tan poco tiempo. La fiscalidad y la regulación de contenidos, por importantes que sean, no son más que los síntomas de la concentración excesiva del paisaje de la economía digital. Su amenaza para la vida democrática no tiene que ver con los precios, sino con la concentración de poder, la disposición sobre los datos y el control del espacio público.

La tecnología permite a las empresas recoger, almacenar y explotar un gran número de datos que, una vez cruzados, mejoran la efectividad y constituyen una aportación indispensable para entrenar a los algoritmos. Esta economía de los datos es una economía de la gratuidad «adictiva» para el consumidor, ya que accede a poderosos servicios sin tener que pagar ningún precio, salvo mediante la entrega de sus datos personales y la publicidad personalizada que las plataformas venden a otras empresas. Se trata, de entrada, de los efectos de red permitidos por estos servicios, cuyo poder de atracción crece en función del número de usuarios «cautivos». Si el precio para el consumidor es cero, el enfoque de la política de la competencia por el precio es, por ello, inoperante.

Hay otros motivos por los que el actual derecho de la competencia apenas está en condiciones de entender y regular el funcionamiento de los actores digitales. De entrada, porque la dimensión de las sanciones tradicionales por abusos es ridícula cuando las empresas tienen tanto valor y disponen de enormes reservas de tesorería. Las cantidades obtenidas por la Comisión Europea en concepto de multas no han modificado más que marginalmente el comportamiento de este tipo de actores. Hay además un problema añadido que procede de la inadecuación de una parte de los instrumentos actuales de las políticas de la competencia. La compra de Instagram por Facebook ha escapado del control porque Instagram no genera beneficios. En una economía cuya tendencia natural es la concentración, la reforma de un monopolio se hará en mucho menos tiempo del que ha hecho falta para desmantelarlo (recordemos que hicieron falta diez años para desmantelar AT&T y casi el mismo tiempo para no desmantelar Microsoft).

La constatación de estas y otras carencias ha llevado a algunos estados europeos a defender una transformación profunda de la política europea de la competencia y a las autoridades comunitarias a poner en marcha nuevas regulaciones que han culminado en la Digital Markets Act, que, más allá de una simple adaptación de los instrumentos tradicionales de defensa de la competencia, introduce un nuevo marco de regulación *ex ante* (por oposición a la intervención del regulador actual, que interviene siempre para corregir *ex post* una situación de posición dominante). Una regulación de este estilo tiene que permitir que el regulador competente disponga de una amplia paleta de instrumentos para intervenir preventivamente frente a los gigantes digitales, lo que incluiría una lista de prácticas prohibidas, capacidad para prevenir los riesgos en relación con la competencia o corregir los déficits de competencia existentes, control de las adquisiciones, obligaciones de interoperabilidad, portabilidad de los datos, etc.

Este nuevo marco de regulación *ex ante* debe permitir responder a los desafíos planteados por las grandes plataformas digitales; sólo hay que extraer las consecuencias del concepto de «plataforma estructurante» y aplicarle las modalidades de regulación que existen ya para las infraestructuras esenciales en régimen de cuasimonopolio, como las vías férreas, la energía o las telecomunicaciones, completando la idea clásica de regulación con una lógica de supervisión. Harán falta, por supuesto, tiempos de intervención más rápidos, a la altura de los ritmos de innovación de la economía digital. Y este marco tiene que ser flexible con el fin de adaptarse a la evolución constante de las prácticas de los actores y debe disponer de instrumentos técnicos complejos.

La democracia tiene unos momentos destacados en la posibilidad de decidir y votar, pero eso no será posible en condiciones de igualdad mientras haya quien tiene tanto poder de estructurar el campo de juego digital, allí donde ya están teniendo lugar las batallas políticas más importantes.

23

Soberanía digital europea

El concepto de «soberanía digital europea» parece no convenir bien con el carácter global de la digitalización, pero si se analiza detenidamente el fenómeno podemos entender cuál es su sentido. De entrada, la digitalización no es un proceso antitético a la territorialización, contrario a la lógica de los estados o incompatible con la defensa de los intereses de la Unión Europea (UE), especialmente en unos momentos en los que el espacio digital se ha convertido en un caballo de batalla geoestratégico entre países y, sobre todo, modelos diferentes. La propuesta que aquí se defiende consiste en entender este término no sólo como una protección *ad intra*, sino como una capacidad de hacer valer el modelo europeo de digitalización a escala global.

a) Desterritorialización y renacionalización digital

El surgimiento y desarrollo de internet ha estado vinculado a expectativas de desterritorialización, generando en unos casos euforia y en otros inquietud, bajo el impulso de una cultura ciberlibertaria, o suscitando el debate acerca del ámbito más apropiado para su adecuada regulación. Como arquitectura global, internet ha desafiado la regulación política y dejado poco espacio para la intervención de los estados. El texto que mejor expresa la desterritorilización del espacio digital fue la «Declaración de independencia del ciberespacio» de John Perry Barlow

(1996), donde se proclama la llegada de un mundo que está en todas partes y en ninguna, y se dirige un mensaje muy contundente a quien aspire a cualquier forma de control: «No ejercéis ninguna soberanía sobre el lugar donde nos reunimos».

Esta supuesta irrelevancia de los estados y la correspondiente fluidificación del principio de territorialidad estuvieron muy influidos por los primeros desarrollos de internet, cuando la jerarquía estatal y el principio de territorialidad se presentaban como lo opuesto a la constelación flexible, difusa y adaptativa de la red digital global. La gobernanza de internet, en principio, de acuerdo con sus infraestructuras tecnológicas, parece el típico ejemplo de gobernanza global más allá del Estado nacional. Los estados nacionales se encontraron ante grandes dificultades técnicas cuando quisieron intervenir en su regulación, lo que se puso de manifiesto muy pronto ante la protección de datos. La creencia en la capacidad de una regulación descentralizada, colectiva y consensual explicaba el rechazo a la legitimidad de la regulación estatal y permitía presagiar la configuración de un nuevo espacio público que ya no se correspondería necesariamente con el ámbito en el que se ejerce el monopolio estatal de la violencia.

El debate entre red y soberanía, entre lógica de la conectividad y lógica de la jerarquía no ha dejado de producirse, entre otras razones porque el mundo digital no ha adoptado una dirección frente a otra, sino que ha resultado de una combinación de principios que se suponían incompatibles, dando lugar a una peculiar hibridación. El desarrollo histórico de internet pone también de manifiesto que los marcos y los estímulos estatales han sido un factor muy significativo, que no ha tenido lugar fuera de los espacios jurídicos de los estados, de su régimen regulatorio y sus infraestructuras. Ejemplos clásicos de ello son su nacimiento en el sector militar americano o el liderazgo público en algunas innovaciones de las que ahora nos beneficiamos los usuarios y las empresas (Mazzucato 2013). Y la UE ha desarrollado toda una regulación del espacio digital ejerciendo una autoridad que complementa a la de sus estados miembros y se presenta como una referencia global.

Aunque todo lo relativo a internet parece desafiar las categorías de la estatalidad, los límites nacionales y la lógica de la territorialidad, hay fenómenos que hablan de una fragmentación y renacionalización, como las cuestiones de la seguridad, la protección de datos y patentes o el sistema de dominios, mientras que simultáneamente ha crecido otra dimensión territorial: su creciente significación geoestratégica. Además, los estados autoritarios han desplegado el aparato estatal para el control de la comunicación en internet proporcionando nuevos instrumentos para la vigilancia de la población, mientras que en las democracias liberales se asienta el llamado «capitalismo de la vigilancia» (Zuboff 2018) con unos resultados igualmente inquietantes, aunque quien vigile no sea el Estado, sino el mercado y las empresas.

Así pues, podríamos concluir la descripción de este nuevo paisaje afirmando que, con distintos procedimientos y estrategias, los estados han hecho todo lo posible para reforzar sus legislaciones y aumentar su intervención en la esfera digital (Goldsmith / Wu 2006). Se trataba de asegurar la soberanía de los estados y la seguridad de sus infraestructuras críticas, aun cuando esa pretensión pudiera interferir con la naturaleza abierta y universalmente accesible de internet, provocando así una fragmentación que malogra las oportunidades vinculadas a esa apertura y no deja de tener impactos económicos y políticos muy negativos en quien se aísle digitalmente.

b) *El concepto* de soberanía digital europea

En este contexto de desterritorialización, renacionalización y competición geoestratégica es donde nace la idea de una soberanía digital europea, en distintos momentos y con diferentes formulaciones. Se ha hablado de «soberanía tecnológica» (Leonard / Shapiro 2019), de «autonomía estratégica» (Comisión Europea: Grupo de expertos independientes de alto nivel en inteligencia artificial 2018) y «autonomía digital» (Voss 2020). En julio de 2020 el gobierno alemán, en su programa oficial para la presidencia del Consejo Europeo, anunció su intención de «establecer la soberanía digital como *leitmotiv* de la política digital europea» (Programa para la presidencia alemana del Consejo Europeo 2020). Fue uno de los muchos momentos recientes en los que el término *soberanía digital* se empleó por los gobiernos para referirse a la idea de que Europa debía afirmar su autoridad sobre el espacio digital y proteger a sus ciudadanos y sus empresas frente a los diversos desafíos a los que se enfrenta su autonomía.

¿Qué se debe entender bajo una apelación tan extraña como «soberanía digital» cuando tanto la propia naturaleza de Europa como la del mundo digital parecen responder a una lógica posterritorial? Se trata de una expresión que combina dos realidades en principio incompatibles: el poder sobre un territorio en un asunto desterritorializado, la hegemonía frente a otros en un campo en el que parecen regir unas lógicas distintas de la imposición o la exclusión. La soberanía a la que se aspira tiene muy poco que ver con su acepción clásica, vinculada a la moderna estatalidad y formulada como una pretensión exclusivista de la UE, que no es ni un Estado ni una mera agregación de estados (Innerarity 2017). En mi interpretación, esta versión del concepto de soberanía no puede entenderse como un poder monopolístico y libre de toda interferencia cuando hablamos de la gobernanza global de las infraestructuras y tecnologías digitales. Mi propuesta de interpretación estriba en considerar la soberanía como la capacidad de mantener el propio modelo en competición frente a otros, de conseguir al mismo tiempo competitividad y principios normativos.

c) La dimensión geoestratégica de la soberanía digital europea

La relevancia de la idea de soberanía digital europea se debe al hecho de que podría extenderse más allá de las fronteras de la Unión y afectar tanto a las empresas extranjeras que actúan dentro de la UE como, de alguna manera, también a cualquier ciudadano del mundo. Se trata de un modo de ejercer la soberanía en un mundo interdependiente que requiere una explicación.

El mundo digital es un mundo inexplicable e ingobernable con la delimitación territorial de los estados. Por un lado, la movilidad de personas y bienes está llevando a hablar de «ifronteras» o *iborders* (Pötzsch 2015) y «fronteras biométricas» o *biometric borders* (Amoore 2006), a través de *eGates* y escáneres, que permitirían identificar el movimiento de personas «remotamente» antes de que alcancen el territorio de otro Estado. Esto es relevante, por ejemplo, cuando se trata de cuestiones de seguridad o de salud, para la emigración, los riesgos climáticos o las epidemias. Las ideas de territorio propio y espacio exterior son controvertidas e incluso completamente inútiles para muchos asuntos. Aquí tiene todo el sentido la sugerencia de que Europa se encuentra en un proceso de refronterización (*rebordering*) (Schimmelfennig 2021), no sólo en relación a las tradicionales formas de frontera estatal, sino a nuevas fronteras a través de los diferentes ámbitos que caracterizan a este siglo XXI, buena parte de los cuales tienen que ver con el espacio digital.

Los gobiernos buscan hoy operar en espacios fuera de su propio territorio y redefinir para ello límites para los que su soberanía parecía inaplicable. Evidentemente, como en la vieja lógica colonial (con respecto a la cual tiene similaridades y diferencias), todo esto plantea numerosos problemas, principalmente de legitimación. En el orden internacional asistimos a una resurrección del concepto de soberanía como aspiración geopolítica que ha puesto en marcha una carrera para establecer y ampliar el propio ámbito de influencia.

La soberanía digital europea está vinculada a una batalla global por el modelo de digitalización. China, Estados Unidos, Rusia y la UE se encuentran ahora en una competencia de diferentes modelos de digitalización, una batalla en la que se dilucida la configuración de los mercados y las regulaciones globales. Están en juego la concepción de la privacidad, de los derechos humanos, de la economía de las plataformas y, en última instancia, de cómo se deberían relacionar los mercados, los estados y las sociedades. Los actuales conflictos comerciales entre Europa, China y Estados Unidos van más allá de las cuestiones puramente económicas. Las tecnologías digitales son las infraestructuras de las sociedades avanzadas. Con la digitalización comienza un nuevo tipo de conflictos en la política global en torno a los estándares aceptables y universalizables. Detrás de las banderas que se enarbolan en las batallas geoestratégicas hay una competición de modelos. Estados Unidos, China y la UE representan, respectivamente, la digitalización como negocio, como instrumento de poder o como un ámbito en el que tiene que conseguirse un equilibrio de valores sociales y democráticos. Hay grandes diferencias entre Europa y China relativas a derechos humanos y libertades políticas, pero también entre Europa y Estados Unidos cuando hablamos de protección de la privacidad en relación con cuestiones de seguridad.

En Europa, el término de soberanía digital se utiliza para referirse a una esfera digital ordenada, con determinados valores, regulada y segura, que resuelve las demandas de derechos y libertades individuales, la igualdad y la competencia económica justa (Bendiek / Neyer 2020). La Comisión Europea y el Consejo de Europa han defendido una idea de digitalización democrática, social y centrada en los derechos de las personas. En sus diversos documentos se concibe la tecnología como una oportunidad para la mejora de la sociedad, que debe ser no solamente eficaz, sino respetuosa de los derechos humanos y la democracia. Lo que así se defiende es un mercado que no expulsa a los humanos, unos procedimientos de decisión que no nos abandonan completamente a la automaticidad, unos algoritmos que no discriminan, unos datos entendidos como bien común y una gobernanza que impide el poder absoluto de los gigantes digitales.

d) La externalización de Europa

A este modelo europeo se le desacredita por dos razones contrapuestas: por demasiado interesado y por demasiado ingenuo. Según la primera acusación, lo que Europa pretende hacer es internacionalizar sus criterios para externalizar así los costes de la propia adaptación y no perjudicar su competitividad. Ahora bien, Europa tiene todo el derecho a reclamar la universalización de sus criterios si los cree adecuados, a pesar de que le beneficien. El hecho de que ciertos valores sirvan a los propios intereses no necesariamente los deslegitima.

La otra acusación, la de ingenuidad, vería este planteamiento de la UE como lesivo para su competitividad. La realidad, sin embargo, es un poco diferente. Pensemos en el tema de la protección de datos. Una medida exigente, que en principio estaba pensada para el espacio europeo, ha sido tomada como modelo en otras legislaciones, adoptada por empresas no europeas y termina así protegiendo la privacidad de muchos ciudadanos fuera de Europa. La razón de esta curiosa protección es que las empresas globales no quieren abandonar el mercado europeo. La movilidad de los datos las somete, de hecho, a una regulación europea que se convierte así en transnacional, ya que para muchas empresas es más eficiente y barato seguir la normativa europea en todo el mundo que operar de acuerdo con diferentes estándares. De este modo, Europa amplía *de facto* el alcance territorial de su legislación en materia de protección de datos. Si por soberanía entendemos la capacidad de hacer valer hacia fuera los propios criterios, aquí tenemos un ejemplo ilustrativo, aunque sea paradójico, no tanto en la lógica del poder clásico de los estados nacionales, sino acorde con la realidad de la digitalización. Aquí nos encontraríamos ante un curioso caso de «externalización de Europa» (Bendiek / Römer 2019) o un «efecto Bruselas» (Bradford 2012).

La interdependencia global requiere estándares globales, lo cual es un incentivo para una economía cuyo despliegue depende precisamente de que esa estandarización sea lo más amplia posible. En el espacio digitalizado la idea de soberanía como un atributo que indicara hegemonía y control (absoluto y exclusivo sobre el propio territorio) tiene poco sentido. La soberanía digital europea debe pensarse, en cambio, como una propiedad que incluye reputación, capacidad de influencia y regulación inteligente. Esa soberanía ya no puede ser entendida desde los atributos clásicos del Estado nacional que hubieran podido trasladarse al ámbito paneuropeo; se trata más bien de complementar el poder interno de la Unión con la batalla por una armonización global, poniendo en valor sus beneficios potencialmente universales (Floridi 2020). En este sentido, la soberanía digital europea depende de que se avance en la gobernanza de la interdependencia global con los criterios que Europa defiende y promueve.

IV

LO QUE NOS ESPERA

24

Entender y gobernar el mundo que viene

Cuando a uno le invitan a hablar del futuro, el protocolo aconseja comenzar agradeciendo la invitación; lo haré, aunque no sé si el encargo de identificar el mundo que viene es más una faena que otra cosa. De todas maneras, recurrir a un filósofo a la hora de escudriñar el futuro es de lo más recomendable, no porque gocemos de una especial capacidad de adivinación, sino porque pocos profesionales hay tan dispuestos a arriesgar su escasa reputación fracasando estrepitosamente.

Voy a hacerlo con un breve listado de conceptos y valores que, a mi juicio, pueden ayudarnos tanto a entender lo que pasa como a organizar eso que nos pasa. Y si alguien se siente especialmente desanimado por mi descripción, que piense que seguramente la culpa es de la dificultad de las cosas que caracterizan a nuestro tiempo y que, si lo hubiera descrito mejor, probablemente las tareas que nos aguardan serían aún más complicadas. Siempre cabe consolarse pensando que las buenas descripciones de la realidad –ojalá esta lo sea– constituyen la mitad de la solución

Sintetizaré mi análisis de lo que nos espera en diez conceptos o valores que caracterizan el mundo que viene, un número, por cierto, que no es especialmente original desde Moisés, pero que no constituye ningún catálogo cerrado, sino que es el resultado casual de un intento de inventariar las estrategias para comprender y gobernar el siglo XXI. Creo que es un mundo que se va a caracterizar, se caracteriza ya, por la aceleración, la incertidumbre, el conocimiento, la sostenibilidad, la pluralidad, la complejidad, la inclusión, la interdependencia, la apertura y la protección. Advierto de antemano que algunos de estos valores son realidades asentadas y otros representan más bien aspiraciones normativas.

1. Aceleración

Que vivimos en un mundo acelerado es una evidencia para la que no hay que añadir demasiadas explicaciones. Basta con ver cómo tratamos de compensar nuestra impotencia con la agitación, cuánta perplejidad disimulamos fingiendo una seguridad que no tenemos, hasta qué punto detrás de muchas innovaciones no hay otra cosa que la sumisión a un carrusel que repone lo viejo conocido. Esta aceleración explica el desfase enorme que se está abriendo entre el ritmo trepidante de las cosas y nuestra capacidad para comprenderlas y organizarlas. El mundo se divide ahora entre los que se quedan paralizados o incluso propugnan una marcha atrás y quienes persiguen desesperadamente adaptarse a lo que viene, sin mayor reflexión y sin ponderar el sentido de ese movimiento que consideran ineluctable.

2. Incertidumbre

El segundo concepto central en esta nueva constelación es la incertidumbre. Nos conviene reconocer cuanto antes que un mundo en constante transformación deja de ratificar las certezas que teníamos y produce un número mayor de incertidumbres de las que hasta ahora estábamos en condiciones de soportar. Esta realidad no debe ser necesariamente una excusa para la inacción, sino una invitación a buscar otras formas de gestionar esa incertidumbre como, por ejemplo, la construcción de confianza (gracias a la cual nos servimos del saber de otros) o aceptar que hemos de tomar cada vez más nuestras decisiones sin disponer de una información completa. ¿Acaso no puede haber racionalidad cuando las razones no son abrumadoras y la duda persiste?

3. Conocimiento

Los grandes desafíos a los que nos enfrentamos requieren una enorme movilización de conocimiento. Asuntos como la lucha contra el cambio climático, la gobernanza financiera, la robotización del trabajo, la sostenibilidad de nuestro modelo de bienestar o la transición ecológica requieren voluntad política y compromiso con ciertos valores, por supuesto, pero mucho más aún, conceptos adecuados, diagnósticos certeros y saber experto. Avanzaremos poco si los dejamos únicamente en manos de los especialistas, pero mucho menos si los reducimos a unas vagas apelaciones moralizantes y no invertimos en el conocimiento que hemos de generar para llevarlos a cabo.

4. Sostenibilidad

En un contexto de aceleración carecemos del viejo privilegio de que valía con hacer las cosas bien en el presente para acertar; ahora hemos de actuar teniendo en cuenta las repercusiones que en el futuro tiene lo que hacemos en el presente, de qué manera afecta al medio natural o cómo repercutirá en quienes todavía no existen, pero se verán afectados por nuestras decisiones actuales. Sostenibilidad quiere decir que no basta con hacer las cosas bien, sino que es necesario anticipar un juicio futuro que no nos van a proporcionar ni los actuales votantes ni los actuales rendimientos. Nuestros debates más interesantes van a girar en torno a los riesgos que estamos generando, las precauciones que debemos adoptar o el nivel de ignorancia que podemos aceptar como inevitable. No podemos seguir consumiendo futuro de una manera tan irresponsable y nuestras instituciones deben estar diseñadas precisamente para que los intereses futuros se incluyan en nuestras decisiones actuales.

5. Pluralidad

La mayor parte de nuestros conceptos, instituciones y procesos de decisión no estaban pensados para reflejar tanta diversidad como caracteriza hoy a nuestras sociedades. Los modos jerárquicos y verticales de organizar la convivencia son inapropiados para sociedades de inteligencia distribuida, que no entienden su pluralismo como un inconveniente, sino como un valor, cada vez más acostumbradas a la articulación horizontal de las relaciones y donde son de muy escasa utilidad las órdenes sin legitimidad o las instituciones políticas que impliquen verticalidad y sumisión. El mundo, Europa especialmente, necesita avanzar en integración porque cada vez compartimos más riesgos y oportunidades, pero, tanto en el seno de los estados como en las instituciones comunes transnacionales, esa integración sólo es posible como integración diferenciada, sobre la base de diferencias reconocidas. Cómo equilibramos adecuadamente la construcción de lo común y la afirmación de la especificidad será una tarea apasionante, tanto para quienes han de pensarla como para quienes deban llevarla a la práctica.

6. Complejidad

Llevo años insistiendo en que nuestros conceptos a la hora de pensar el gobierno a todos los niveles no están a la altura de la complejidad del mundo que debemos gobernar (y tratando de pensar algunas claves para superar este desfase). Es cierto que muchas batallas las ganan hoy quienes ofrecen una explicación simplificadora y alguna ilusión reconfortante. Pero, al mismo tiempo, los enfoques binarios, simplificadores y fuertemente ideologizados se muestran completamente inadaptados para llevar a cabo las grandes transformaciones que requieren la elaboración de diagnósticos compartidos, negociaciones entre muchos actores y estrategias complejas de transición. Tal vez la agitación a la que antes me refería esté revelando nuestra profunda incapacidad para cambiar nada. Creo que, pese a las apariencias o su éxito momentáneo, este no es un mundo para los oportunistas, y que hay otro tipo de liderazgos que tanto la gravedad de nuestros desafíos como esa parte menos ruidosa de nuestras sociedades están demandando.

7. Inclusión

La gran inquietud de una sociedad democrática es si están adecuadamente representados todos los intereses afectados por nuestras decisiones, si nuestras prácticas políticas están excluyendo injustamente a alguien y cómo podemos incluirlos. Y a este respecto creo que estamos ante un cuádruple reto de inclusión: hay que incluir a nuestros vecinos y a las generaciones futuras en nuestros procesos de decisión, hay que facilitar la participación de las mujeres en la vida política y hemos de considerar a la naturaleza como un sujeto político. La representación electoral tal y como la conocemos no permite hacerse cargo de los problemas transfronterizos o distantes en el tiempo, ni integra suficientemente a las mujeres, ni articula los relativos al medio ambiente. Democracia transnacional, democracia intergeneracional, democracia paritaria y democracia ecológica podrían ser los nombres de esta inclusión que nuestras democracias deberían realizar con las correspondientes innovaciones institucionales.

8. Interdependencia

La realidad de un mundo interdependiente da lugar a una configuración social muy distinta de aquella en la que estábamos acostumbrados a desenvolvernos, una nueva realidad que contradice el principio clásico de la soberanía y tiene que ver con la emergencia de bienes comunes (y males también comunes), todo lo cual ha de ser gobernado de algún modo para el que aún no tenemos ni los conceptos ni las instituciones apropiadas. El mundo de interdependencias, movilidad y comunicación ya no es una mera yuxtaposición de soberanías. El espacio mundial se dibuja hoy en términos más inciertos. Nuestras inseguridades son compartidas y su gestión encaja mal con la idea demasiado simple de la seguridad nacional. A medida que el mundo se hace más interdependiente, aumentan los costes de la soberanía y las lógicas de competición tienen que ser sustituidas por juegos de cooperación. Ciertas cosas que tuvieron su momento de gloria (como los estados soberanos y todos sus correspondientes atributos) sólo van a sobrevivir si emprenden una profunda transformación para gestionar mejor su diversidad interna y poner en juego *ad extra* recursos comunes en términos de una mayor cooperación.

9. Apertura

Un nuevo antagonismo está haciendo su aparición en el paisaje político y sustituye en buena medida a otros que hasta ahora nos servían de orientación: lo cerrado y lo abierto. El principal eje de confrontación ideológica parece ser el que opone lo cerrado (el rechazo del otro, del intercambio, de la coexistencia, de la solidaridad) a lo abierto (el deseo de una mayor integración europea, el favorecimiento del comercio internacional o la consideración más bien positiva de la globalización). Probablemente este nuevo antagonismo no sustituirá del todo a otros como el de derecha e izquierda; más bien se superpondrá a estos dando lugar a combinaciones inéditas y alianzas que ya han comenzado a sorprendernos. Aunque ahora vivamos un momento de repliegue, mi hipótesis es que esta tendencia es mucho más débil que los beneficios de una apertura bien gestionada, lo que, por cierto, no ha sido así y de ahí que grandes sectores sociales vivan la apertura global como una amenaza.

10. Protección

Vivimos en una globalización sin contrapartida social y eso explica que muchos la perciban fundamentalmente en términos de amenaza. Nos encontramos en medio de una alternativa que es claramente insatisfactoria, obligados a elegir entre globalistas que no salen de sus viejas recetas de libre cambio y el instinto proteccionista que confunde con torpeza los propios intereses con los intereses más inmediatos. Mi hipótesis es que no conseguiremos superar este momento en el que parecen ganar los partidarios de lo cerrado, esa voluntad de protección que se está llevando a cabo irracionalmente con exclusión del otro y maximización del propio interés, mientras no construyamos una sociedad que cuide y proteja, algo que ya no puede realizarse con los viejos instrumentos.

25

El conocimiento tras la crisis del coronavirus

Los epílogos deberían poder escribirse cuando aquello de lo que se habla fuera definitivamente un asunto pasado, pero hay cosas que tardan en pasar e incluso que no acabarán propiamente nunca, de manera que no podemos esperar hasta ese momento.

Comencemos por el principio, que en este caso es el final. ¿Cuándo podríamos dar por finalizada esta crisis sanitaria y, sobre todo, las diversas crisis que se agolpan sobre ella? A estas alturas es una pregunta imposible de contestar porque, ¿cómo acotamos el periodo? La consecución de la inmunidad es una cosa, otra las crisis que requerirán un diferente tipo de «inmunidad», y otra las transformaciones que debemos acometer, de mayor duración en el tiempo. Una vez conseguida la inmunidad biológica, como esperamos que ocurra a través de las vacunas que distribuye el sistema sanitario, es necesario ocuparse de la inmunidad social, es decir, trabajar en la respuesta del resto de los sistemas (educativo, político, económico...) para que no sucedan crisis tan graves o para que nos encuentren mejor preparados y con mayor capacidad para reparar los daños que producen en la sociedad. El impacto inmediato de la pandemia sobre la vida y la muerte de las personas podrá medirse en un determinado espacio de tiempo, pero sus efectos se prolongarán durante años o décadas, según se mire. Los debates acerca de su significado no dejarán de ocupar a muchas personas en una discusión tan interminable como cualquier otra que haya sido relevante en la historia de la humanidad.

Lo primero que hemos de hacer es un diagnóstico acerca de la crisis, que no es sólo una competencia de los profesionales de la salud, epidemiólogos y virólogos. Si se me permite la expresión, esta crisis sanitaria ha sido un momento filosófico, una sacudida que nos está obligando a la reflexión como no recuerdo ningún otro acontecimiento al menos de mi vida personal: no creo haberme encontrado en una situación semejante en la que nos hubiéramos planteado con tanta radicalidad qué era la normalidad y cuáles los límites de la excepción, si lo real era la situación anterior, la de ahora o la de después. Los medios de comunicación y la conversación cotidiana se llenaron de preguntas que uno sólo había oído en facultades de filosofía. A los profesionales del cuestionamiento no dejaba de llamarnos la atención que cualquiera se planteara si la crisis nos introducía en un mundo irreal o en una situación más real que nuestra vida anterior. Esta pregunta acarreaba otra acerca de si el ideal de vida personal y colectiva al que debíamos aspirar era la normalidad anterior a la crisis o una situación diferente, tal vez completamente distinta y que no acertamos aún a definir.

El mundo se nos convirtió en un experimento colectivo involuntario y, mientras en los laboratorios se corría para secuenciar el virus (que las generaciones más jóvenes descubrieron que no era algo que atacaba sólo a los ordenadores) y producir la correspondiente vacuna, todos nos hacíamos preguntas que parecían patrimonio de Descartes, Kant, Nietzsche y los peculiares interlocutores de esa extraña conversación en la que andamos ocupados los filósofos cuando hay crisis y cuando no las hay. Por un lado, el mundo se nos complicaba con tensiones entre los intereses diversos, como las exigencias de la salud frente a la economía o, por el contrario, parecía simplificarse excesivamente con binomios como dentro/fuera, contacto/distancia en los que apenas cabía un término medio. ¿Estábamos ante un regreso a nuestra atávica condición, a formas antiguas de contagio, protección y clausura, o ingresábamos en modalidades nuevas de desprotección causadas por un modo de vida acelerado y torpe que caracterizaría a nuestra hipermodernidad? ¿Habíamos ido demasiado lejos o habíamos vuelto a nuestra condición original? Como consecuencia de la crisis sanitaria, ¿hemos recuperado la solidaridad elemental de la especie o caído en la dispersión de los intereses? ¿Entramos en una era triunfante de la razón y la ciencia o en el marasmo emocional?

El acontecimiento de la pandemia podía considerarse como revelador y, al mismo tiempo, como causa de mayor confusión. Mientras nos alegrábamos de nuevos hallazgos (desde la valoración personal de diferentes prioridades, el descubrimiento de facetas desatendidas de nuestra vida hasta caer incluso en la cuenta de que uno tenía casa y familia), también parecían consolidarse viejos prejuicios; lo mismo que llevaba a unos a aprender parecía confirmar a otros en lo que creían saber.

De los muchos aspectos que merecen la reflexión sobre esta crisis, quisiera hacer unas observaciones sobre el papel del conocimiento y de la ciencia. En relación con el conocimiento ha habido tres tipos de actitudes en la pandemia: la de quienes han sabido en todo momento lo que había que hacer y lo que *los demás* tenían que aprender, la de quienes piensan que ya han aprendido lo que la pandemia les ha enseñado y la de quienes, pese a los aprendizajes realizados, tienen todavía muchas incertidumbres, algunas arrastradas desde siempre y otras originadas precisamente por esta crisis. Epistemológicamente hablando, ha habido un poco de todo: confirmación, aprendizaje y nuevas ignorancias.

Hemos asistido durante estos meses a un despliegue del conocimiento al que nos hemos acostumbrado como si fuera normal, pero que es único en la historia de la humanidad. Me parece que sería oportuno recordar, precisamente en estos momentos de éxito científico, dos propiedades de este conocimiento al que tanto le debemos y del que tenemos derecho a esperar todavía muchas más cosas: que hemos de conjugar la palabra ciencia en plural y que todo el desarrollo científico no llegará a disipar completamente esa ignorancia insuperable que acompaña a nuestra condición humana y forma parte de la complejidad del mundo en el que vivimos.

La crisis del coronavirus ha proporcionado un protagonismo insólito a la ciencia. En el imaginario popular (y también en los presupuestos públicos), cuando se habla de ciencia se piensa fundamentalmente en las ciencias duras (*hard sciences*) y poco en la pluralidad de saberes que tienen que intervenir para interpretar y resolver los principales problemas a los que se enfrenta la humanidad. Por citar sólo un par de ejemplos, entre los muchos que se podrían mencionar: abrir o cerrar las escuelas es, por supuesto, un asunto de gran relevancia epidemiológica, pero también algo sobre lo que tienen mucho que decir educadores, sociólogos y psicólogos; en la discusión acerca de la administración de las vacunas aparecen problemas de preferencia y obligatoriedad que deben atender a criterios epidemiológicos, pero que también generan interrogantes para los que se necesita la aportación de la ética, el derecho o la sociología.

Necesitamos conocer las exactitudes posibles de la realidad tanto como las subjetividades del valor; cada problema tiene una esfera de objetividad y otra de normatividad. Un conocimiento entendido como generador de datos y artefactos no está en condiciones de proporcionar ciertas dimensiones del conocimiento que no son meras continuidades en la dirección conocida, sino que cuestionan los criterios y valoraciones establecidos. Nos hace falta una visión crítica de los criterios de objetividad y dar espacio a las preguntas que tienen que ver con el sentido o con la manera en que los enunciados científicos se integran en una pluralidad de sentidos. ¿Quién y cómo se decide qué es relevante para el sistema? ¿De qué modo definimos las necesidades y las prioridades? ¿Qué limitaciones de la libertad están justificadas y hasta qué punto? ¿Quién tiene la legitimidad última para tomar las decisiones, el pueblo, sus representantes o los expertos? ¿Con qué criterios se concluye que alguien pertenece o no a un grupo de riesgo? Cuestiones como estas exigen una reflexión crítica que no se puede apoyar sólo en los conocimientos de quienes se dedican a las ciencias naturales o de la salud, por muy exactos que sean.

Cuando decimos que es la hora del aprendizaje tendemos a pensar exclusivamente en la escuela y los científicos (especialmente en los de las llamadas «ciencias», no en las letras), como si desconociéramos que el desafío se refiere a todo el mundo, a las instituciones y a las empresas, a la inteligencia colectiva de la sociedad, a nuestro modo de comunicar y construir las ciudades... Es una tarea tan formidable que requiere la aportación de todos los puntos de vista posibles, una gran movilización cognitiva que implica también combatir no pocas rutinas que impiden a una sociedad realizar ese aprendizaje.

La otra cuestión inquietante es qué va a pasar con el saber y, sobre todo, con la ignorancia en el futuro. No hay avance en el conocimiento que no nos ponga al mismo tiempo delante de un abismo de ignorancia. El imperativo de aprender lleva implícito un reconocimiento de que no se sabe y una insatisfacción con esa ignorancia. Desconocer esto es lo que explica que la percepción pública de la ciencia pase con tanta facilidad de la euforia a la decepción y la desconfianza.

Otras épocas de la historia han formulado el deseo de adaptarse a las nuevas circunstancias del mundo habiéndolo podido cartografiar o sabiendo al menos que todo era cuestión de avanzar en una dirección conocida; a nosotros nos toca tratar de identificar esa dirección en medio de un tiempo y un espacio que se han multiplicado en sentidos y direcciones. Tenemos la *sensación* de estar entrando en un nuevo mundo, pero todavía no tenemos el suficiente *conocimiento* de él que sería necesario para que ese tránsito se realizara sin sobresaltos y con la preparación adecuada. Probablemente ese desajuste entre las nuevas realidades y los conocimientos disponibles ha existido en todos los momentos de cambio en la historia de la humanidad, pero ahora se agudiza porque ese paso se realiza de manera acelerada y en medio de crisis que todavía no hemos siquiera terminado de identificar.

Se podría formular a este respecto la paradoja de que 2020 ha sido un año revelador porque nos ha hecho ver cosas que no veíamos (visibilizar es una palabra muy de moda), pero debería habernos enseñado que tenemos que convivir con cosas que no vemos ni veremos: desde los virus todavía no bien conocidos, pasando por algunos efectos secundarios de nuestras tecnologías (incluidas las vacunas, la duración de sus efectos o la posibilidad de no padecer la enfermedad y contagiarla) y las diversas incertidumbres de una existencia menos previsible de lo que pensábamos y tal vez nos gustaría. Un mundo nervioso y acelerado, interdependiente y complejo, no es algo que se pueda divisar de un vistazo que nos proporcione certezas absolutas.

Deberíamos salir de esta crisis sanitaria conociendo no sólo más cosas (nuevas vacunas, datos sociales, descubrimientos biológicos...), sino con un mejor conocimiento de nuestra condición humana, es decir, tanto de sus posibilidades como de sus límites. Forma parte de ese aprendizaje gestionar bien nuestras expectativas, promesas y frustraciones, no dejar de intentar aquello a lo que debemos aspirar, reconocer nuestras limitaciones y convivir con esas pequeñas o grandes frustraciones que se producen cuando no hemos sido capaces de conseguir, en parte o en todo, lo que pretendíamos.

La crisis sanitaria no fue consecuencia de ninguna conspiración y su salida no será un acto de magia o brujería. La razón y la libertad son las principales facultades de las que disponemos para entender y gestionar ese contexto limitante en el que nos movemos. Tanto quienes aseguran que esto nos pondrá por fin en la dirección correcta como quienes están convencidos de que volveremos a las andadas se equivocan en un asunto central: los humanos somos seres que estamos continuamente experimentando, que nos adaptamos, que discutimos acerca de la interpretación más adecuada de lo que nos está pasando, que aprendemos, aunque sea mal y tarde, pero que todo eso lo hacemos en un contexto en el que hay elementos de necesidad y de libertad. La pregunta acerca de si aprenderemos de la crisis no se puede contestar porque esas dos condiciones (la necesidad y la libertad) son muy imprevisibles. Cuáles serán nuestros márgenes de acción, qué nuevos desafíos nos acechan, son cosas que pueden y deben ser anticipadas en la medida de lo posible, pero que no se nos van a desvelar con toda claridad. Y que somos seres realmente libres se acredita en el hecho de que no sabemos de antemano cómo vamos a reaccionar a los acontecimientos que se nos vayan presentando; ni los graves errores que hemos cometido a lo largo de la historia (también de este histórico año), ni los éxitos o las hazañas (que las ha habido en abundancia durante la crisis sanitaria) nos permiten realizar pronósticos seguros. Más aún: en esa indeterminación del futuro reside la grandeza de nuestra frágil condición. No aceptaríamos renunciar a nuestra libertad si esa fuera la condición de un futuro seguro. Lo que hayamos de aprender, hagámoslo en el entorno abierto e indeterminado de la libertad y la democracia, sobre todo porque no se puede aprender de otro modo.

Bibliografía

ADORNO, Theodor W. (1958): *Philosophie der neuen Musik*, Fráncfort, Europäische Verlagsanstalt [edición española: *Filosofía de la nueva música*, Buenos Aires, Editorial Sur, 1966].

AMOORE, Louise (2006): «Biometric borders: Governing mobilities in the war on terror», en *Political Geography* 25(3), pp. 336-351.

ANDERSON, Chris (2006): *The Long Tail: Why the Future of Business Is Selling Less of More,* Nueva York, Hyperion [edición española: *La economía Long Tail: De los mercados de masas al triunfo de lo minoritario*, Barcelona, Empresa Activa, 2009].

ARENDT, Hannah (2000): «Truth and Politics» [1967], en BAEHR, Peter (ed.), *The Portable Hannah Arendt,* Nueva York, Penguin, pp. 547-575.

BARBROOK, Richard / CAMERON, Andy (1995): *The Californian Ideology*, Londres, The Hypermedia Research Centre, Universidad de Westminster.

BARLOW, John Perry (1996): «A Declaration of the Independence of Cyberspace», https://www.eff.org/es/cyberspace-independence

BÉNABOU, Roland / TIROLE, Jean (2003): «Intrinsic and extrinsic motivation», en *Review of Economic Studies* 70 (3), pp. 489-520.

BENDIEK, Annegret / NEYER, Jürgen (2020): «Europas digitale Souveränität. Bedingungen und Herausforderungen internationaler politischer Handlungsfähigkeit», en OSWALD, Michael / BORUCKI, Isabelle (eds.), *Demokratietheorie im*

Zeitalter der Frühdigitalisierung, Wiesbaden, Springer VS, pp. 103-125.

BENDIEK, Annegret / RÖMER, Magnus (2019): «Externalizing Europe: The global effects of European data protection», en *Digital Policy, Regulation and Governance* 21/1, pp. 32-43.

BICKERTON, Christopher / INVERNIZZI-ACCETTI, Carlo (2021): *Technopopulism: The New Logic of Democratic Politics*, Oxford, Oxford University Press.

BONSS, Wolfgang (2003): «Jenseits von Verwendung und Transformation», en FRANZ, H. W. / HOWALDT, J. / JACOBSEN, H. / KOPP, R. (eds.), *Forschen – lernen – beraten. Der Wandel von Wissensprodukction und –transfer in der Sozialwissenschaften*, Berlín, Sigma, pp. 37-52.

BRADFORD, Anu (2012): «The Brussels Effect», en *Northwestern University Law Review* 107 (1), pp. 1-68.

BRENNAN, Jason (2016): *Against Democracy*, Princeton University Press [edición española: *Contra la democracia*, Barcelona, Deusto, 2018].

BRONNER, Gérald, (2017): *Réenchanter le risque*, París, PUF.

— (2021): *Apocalypse cognitive*, París, PUF.

BROOK, Richard (2002): «The Role of Evalution as a Tool for Innovation in Research», Max Planck Forum 5, Innovative Structures in Basic Decision Research, Ringberg Symposium, pp. 173-179.

CARDON, Dominique (2010): *La démocratie Internet*, París, Éditions du Seuil.

CASILLI, Antonio (2019): *En attendant les robots. Enquête sur le travail du clic*, París, Éditions du Seuil.

CHAINTREAU, Anne-Marie / LEMAÎTRE, Renée (1993): *Drôles des bibliothèques... Le thème de la bibliothèque dans la littérature et le cinéma*, París, Éditions du Cercle de la Librairie.

CHAPMAN, Chris (2006): «Joining accountability and autonomy in research», en *Foresight Europe* 2 (marzo), pp. 13-14.

CHARTIER, Roger (1994): *Libros, lecturas y lectores en la Edad Moderna*, Madrid, Alianza editorial.

COLLINGRIDGE, David (1980): *The Social Control of Technology*, Nueva York, St. Martin's Press.

Comisión Europea: Grupo de expertos independientes de alto nivel en inteligencia artificial (2018): «Draft Ethics Guidelines for Trustworthy AI», 18 de diciembre.

Day, Patricia / Klein, Rudolf (1990): *Age of Inspection. Inspecting the Inspectors*, Londres, Rowntree Foundation.

Deleuze, Giles (1990): *Pourparlers*, París, Les éditions de minuit.

Dunyach, Jean-Claude (2013): *Déchiffrer la trame*, Nantes, Atalante.

Fehr, Ernst / Gächter, Simon (2002): *Do Incentive Contracts Crowd Out Voluntary Cooperation?*, Institute for Empirical Research in Economics, Working Paper, nº 34.

Fischer, Frank (2001): *Citizens, Experts and the Environment. The Politics of Local Knowledge*, Durham / Londres, Duke University Press.

Floridi, Luciano (2020): «The Fight for Digital Sovereignty: What It Is, and Why It Matters, Especially for the EU», en *Philosophy & Technology* 33, pp. 369-378.

Foucault, Michel (1975): *Surveiller et punir*, París, Gallimard.

France, Anatole (1909): «La Chemise», en *Les Sept Femmes de Barbe-bleue et autres contes merveilleux*, París, Calmann-Lévy.

Fundación Española para la Ciencia y la Tecnología (2006): *Libro blanco de la investigación en Humanidades / White paper on research in the Humanities.*

Goldsmith, Jack / Wu, Tim (2006): *Who Controls the Internet? Illusions of a Borderless World*, Nueva York, Oxford University Press.

Greshoff, Rainer / Knerr, Georg / Schimank, Uwe, eds. (2003): *Die Transintentionalität des Sozialen*, Wiesbaden, Westdeutscher Verlag.

Hornbostel, Stefan (1997): *Wissenschaftsindikatoren. Bewertungen in der Wissenschaft*, Opladen, Westdeutscher Verlag.

Innerarity, Daniel (2017): *La democracia en Europa*, Barcelona, Galaxia Gutenberg [edición inglesa: *Democracy in Europe. A Political Philosophy of the European Union*, Oxford, Palgrave MacMillan, 2018].

— (2020): *Una teoría de la democracia compleja. Gobernar en el siglo xxi*, Barcelona, Galaxia Gutenberg.

INNERARITY, Daniel / COLOMINA, Carme, eds. (2020): «Desinformación y poder. La crisis de los intermediarios», en *Revista CIDOB Afers Internacionals* 124.

JASANOFF, Sheila (2005): «Technologies of Humility: Citizen Participation in Governing Science», en BOGNER, Alexander / TORGERSEN, Helge (eds.), *Wozu Exporten? Ambivalenzen der Beziehung von Wissenschaft und Politik*, Wiesbaden, VC, pp. 370-389.

JAUREGUIBERRY, Francis (2018): «Peut-on encore se déconnecter de temps en temps?», en AUBERT, Nicole (ed.), *@ la recherche du temps. Individus hyperconnectés, société accélérée: tensions et transformations*, éd. N. Aubert, Toulouse, Érès.

KAY, John / KING, Mervyn (2020): *Radical Uncertainty. Decision-making for an Unknowable Future*, Londres, The Bridge Street Press.

KOSCHORKE, Albrecht (2004): «Wissenschaftsbetrieb als Wissenschaftsvernichtung. Einführung in die Paradoxologie des deutschen Hochschulwesens», en KIMMICH, Dorothee / THUMFART, Alexander (eds.), *Universität ohne Zukunft?*, Fráncfort, Suhrkamp, pp. 142-156,

KUHN, Thomas (1962): *The Structure of Scientific Revolution*, Chicago, University of Chicago Press.

KWA, Chunglin (2011): *Styles of Knowing: A New History of Science from Ancient Times to the Present*, Pittsburgh, University of Pittsburgh Press.

LASH, Scott (2002): *Critique of Information*, Londres, Thousand Oaks [edición española: *Crítica de la información*, Buenos Aires y Madrid, Amorrortu].

LATOUR, Bruno (1987): *Science in Action: How to Follow Scientists and Engineers through Society*, Cambridge, MA, Harvard University Press.

LEONARD, Mark / SHAPIRO, Jeremy (2019): «Empowering EU member states with strategic sovereignty», Consejo Europeo de Relaciones Exteriores, https://www.ecfr.eu/page//1_Empowering_EU_member_states_with_strategic_sovereignty.pdf

LÉVINAS, Emmanuel (1990): *Totalité et infini. Essai sur l'extériorité*, París, Livre de poche [edición española: *Totalidad e infinito*, Salamanca, Sígueme, 2012].

LINDBLOM, Charles (1965): *The Intelligence of Democracy. Decision making through mutual adjustement*, Nueva York, Free Press.

LUHMANN, Niklas (1968): *Vertrauen–ein Mechanismus der Reduktion sozialer Komplexität*, Stuttgart, Lucius & Lucius.

— (1994): *Die Wissenschaft der Gesellschaft*, Fráncfort, Suhrkamp.

— (1995): *Soziologische Aufklärung 5, Beiträge zur funktionalen Differenzierung der Gesellschaft*, Opladen, VS Verlag für Sozialwissenschaften.

— (1997): *Die Gesellschaft der Gesellschaft*, Fráncfort, Suhrkamp.

— (2000): *Organisation und Entscheidung*, Opladen, Westdeutscher Verlag.

LUHMANN, Niklas / SCHORR, Karl Eberhard (1988): *Reflexionsprobleme im Erziehungssystem*, Fráncfort, Suhrkamp.

MAJONE, Giandomenico (1989): *Evidence, Argument and Persuasion in the Policy Process*, New Haven y Londres, Yale University Press [edición española: *Evidencia, argumentación y persuasión en la formulación de políticas*, México D.F., Fondo de Cultura Económica, 1997].

MANIN, Bernard (1998): *Los principios del gobierno representativo*, Madrid, Alianza editorial.

MARQUARD, Odo (1987): *Abschied vom Prinzipiellen*, Stuttgart, Reclam.

MAZZUCATO, Mariana (2013): *The Entrepreneurial State: Debunking Public vs. Private Sector Myths*, Londres, Anthem Press [edición española: *El Estado emprendedor. Mitos del sector público frente al privado*, Barcelona, RBA, 2014].

MAUREL, Lionel (2015): «Loi numérique : protéger les communs, mais pas en trompe-l'œil», en *Rue89*, 29 de septiembre de 2015, disponible en red: http://tempsreel.nouvelobs.com/rue89/rue89-rue89-culture/20150929.RUE0755/loinumerique-proteger-les-communs-mais-pas-en-trompe-l-oeil.html

MECKEL, Miriam (2007): *Das Glück der Unerreichbarkeit*, Hamburgo, Murmann.

MILLER, Peter (2001): «Governing by Numbers: Why Calculative Practices matter», en *Social Research* 68/2, pp. 379-396.

MONNIER, Jean Marie / VERCELLONE, Carlo (2016), *Mutations du travail et revenu social garanti comme revenu primaire*, https://www.researchgate.net/publication/312327997_Mutations_du_travail_et_revenu_social_garanti_comme_revenu_primaire

MUKERJI, Nikil (2018): «What is fake news?», en *Ergo: An Open Access Journal of Philosophy* 5, pp. 923-946.

NEAVE, Guy (1988): «On the cultivation of quality, efficiency and enterprise: An overview of recent trends in higher education in Western Europe, 1986-1988», en *European Journal of Education* 23 (1-2), pp. 7-23.

NIETZSCHE, Friedrich (1988a): *Schopenhauer als Erzieher,* en *Kritische Studiensausgaben*, ed. Colli-Montinari, t.1, Berlín y Nueva York, de Gruyter.

— (1988b): *Morgenröte,* en *Kritische Studiensausgaben*, ed. Colli-Montinari, t. 3, Berlín y Nueva York, de Gruyter.

NOWOTNY, Helga (2012): *Auf der Suche nach Exzelenz. Wie viel Evaluierung verträgt das Wissenschaftsystem?*, Gotinga, Wallstein.

— (2016), *The Cunning of Uncertainty*, Cambridge, Polity Press.

PEYRAUBE, Alain (2002): «Project for building a European citation index for humanities», en *Reflections*, European Science Foundation, diciembre, pp. 14-15.

POLANYI, Karl (1944): *The Great Transformation*, Nueva York, Farrar & Rinehart [edición española: *La gran transformación*, Madrid, Fondo de Cultura económica, 2011].

PORTER, Theodore M. (1995): *Trust in Numbers. The Pursuit of Objectivity in Science and Public Life*, Princeton, Princeton University Press.

PÖTZSCH, Holger (2015): «The emergence of iBorder: Bordering bodies, networks, and machines», *Environment and Planning D: Society and Space* 33(1), pp. 101-118.

POWER, Michael (1977): *The Audit Society: Rituals of Verification*, Oxford, Oxford University Press.

PRISCHING, Manfred (2008): *Bildungsideologien. Ein zeitdiagnostischer Essay an der Schwelle zur Wissensgesellschaft*, Wiesbaden, Verlag für Sozialwissenschaften.

PROGRAMA PARA LA PRESIDENCIA ALEMANA DEL CONSEJO EUROPEO (2020): https://www.eu2020.de/blob/2360248/e0312c50f9109318 19ab67f630d15b2f/06-30-pdf-programm-en-data.pdf

RAVETZ, Jerome R. (1990): *The Merger of Knowledge with Power. Essays in Critical Science*, Londres y Nueva York, Mansell.

RAWLS, John (1999): *Collected Papers*, Cambridge MA, Harvard University Press.

SADIN, Éric (2018): *La silicolonización del mundo. La irresistible expansión del liberalismo digital*, Buenos Aires, Caja Negra.

SALAIS, Robert (2006): «Reforming the European social model and the politics of indicators: from the unemployment rate to the employment rate in the European strategy», en JEPSEN, María / SERRANO, Amparo (eds.), *Unwrapping the European Social Model*, Bristol, The Policy Press, pp. 189-212.

SCHIMMELFENNIG, Frank (2021): «Rebordering Europe: external boundaries and integration in the European Union», en *Journal of European Public Policy* 28(3), pp. 1-20.

SCHOLZ, Trebor / SCHNEIDER, Nathan, eds. (2017): *Ours to Hack and to Own. The Rise of Platform Cooperativism, a New Vision for the Future of Wok and a Fairer Internet*, Nueva York, OR Books.

SEAVER, Nick (2018): «What Should An Anthropology of Algorithms Do?», en *Cultural Anthropology* 33 / 3, pp. 375-385.

SENGE, Peter (1999): *The Dance of Change. The Challenge of Sustaining Momentum in Learning Organisations*, Londres, Nicholas Brealey.

SIMMEL, George (1993): «Die Gross-Städte und das Geistesleben», en *Das Individuum und die Freiheit*, Fráncfort, Fischer, pp. 192-204.

SITKIN, Sim / STICKEL, Darryl (1996): «The Road to Hell: The Dynamics of Distrust in an Era of Quality», en KRAMER, Roderick / TYLER, Tom (eds.), *Trust in Organisations: Frontiers of Theory and Research*, Thousand Oaks, CA, Sage Publications, pp. 196-215.

SMITHSON, Michael (1989): *Ignorance and Uncertainty. Emerging Paradigms*, Nueva York y Berlín, Springer Verlag.

SPAAPEN, Jack / DIJSTELBLOEM, Huub (2007): *Evaluating Research in Context. A Method for Comprehensive Assessment*, Den Hag, Consultative Committee of Sector Councils for Research and Development.

STOCKING, S. Holly (1998): «Drawing Attention to Ignorance», en *Science Communication* 20, pp. 165-178.

STRAUSS, Botho (2000): «Ulrich Greiner spricht mit Botho Strauss», en *Die Zeit*, nº 23.

TALEB, Nassim N. (2008): *The Black Swan: The Impact of the Highly Improbable*, Londres, Penguin [edición española: *El cisne negro. El impacto de lo altamente improbable*, Barcelona, Paidós, 2011].

TUCCI, Christopher (2006): «Why Europe will never have accountability in research», en *Foresight Europe* 2 (marzo), pp. 27-29.

TURNER, Fred (2013): *The Democratic Surround. Multimedia and American Liberalism from World War II to the Psychedelic Sixties*, Chicago, Chicago University Press.

URBINATI, Nadia (2014): *Democracy Disfigured. Opinion, Truth, and the People*, Cambridge MA, Harvard University Press.

VOSS, Martin (2020): *Multidisziplinäre Perspectiven der Resilienzforschung*, Wiesbaden, Springer.

WEHLING, Peter (2006): *Im Schatten des Wissens? Perspektiven der Soziologie des Nichtwissens*, Constanza, UVK Verlagsgesellschaft.

WEINGART, Peter (1983): «Verwissenschaftlichung der Gesellschaft, Politisierung der Wissenschaft», en *Zeitschrift für Soziologie* 12 (3), pp. 225-241.

— (2005): *Die Wissenschaft der Öffentlichkeit. Essays zum Verhältnis von Wissenschaft, Medien und Öffentlichkeit*, Weilerwist, Velbrück.

WHITEHEAD, Alfred N. (1948 [1911]): *An Introduction to Mathematics*, Oxford, Oxford University Press.

WILDAVSKY, Aaron (1979a): «No risk is the highest risk of all», en *American Scientist* 67, pp. 32-37.

— (1979b), *Speaking Truth to power. The Art and the Craft of Policy Analysis*, Boston, Little, Brown and Company.

WILLKE, Helmut (2002): *Dystopia. Studien zur Krisis des Wissens in der modernen Gesellschaft*, Fráncfort, Suhrkamp.

WOOLF, Virginia (1972): *Hours in a Library*, Folcroft Library Editions [edición española: *Horas en una biblioteca*, Barcelona, Seix Barral, 2016].

ZUBOFF, Shoshana (2018): *The Age of Surveillance Capitalism: The Fight for a Human Future at the New Frontier of Power,* Nueva York, Public Affairs [edición española: *La era del capitalismo de la vigilancia. La lucha por un futuro humano frente a las nuevas fronteras del poder*, Barcelona, Paidós, 2020].

Índice

III
CIUDADANÍA DIGITAL

IV
LO QUE NOS ESPERA